Gerdenits | Santler

Single sucht Single

Elfriede Gerdenits | Helmuth Santler

Single sucht Single

Mit Partnerbörsen zum Liebesglück

Bildrechte Autorenfoto: Heidi Mehl, www.festhalten.at
Bildrechte Umschlag: Miesha Moriniere/pexels | Cover: Alexandra Schepelmann

Der Verlag und seine Autoren sind für Reaktionen, Hinweise oder Meinungen dankbar. Bitte wenden Sie sich diesbezüglich an verlag@goldegg-verlag.com.

Der Goldegg Verlag achtet bei seinen Büchern und Magazinen auf nachhaltiges Produzieren. Goldegg Bücher sind umweltfreundlich produziert und orientieren sich in Materialien, Herstellungsorten, Arbeitsbedingungen und Produktionsformen an den Bedürfnissen von Gesellschaft und Umwelt.

ISBN Print: 978-3-99060-074-0
ISBN E-Book: 978-3-99060-075-7

© 2018 Goldegg Verlag GmbH
Friedrichstraße 191 • D-10117 Berlin
Telefon: +49 800 505 43 76-0

Goldegg Verlag GmbH, Österreich
Mommsengasse 4/2 • A-1040 Wien
Telefon: +43 1 505 43 76-0

E-Mail: office@goldegg-verlag.com
www.goldegg-verlag.com

Layout, Satz und Herstellung: Goldegg Verlag GmbH, Wien
Druck und Bindung: FINIDR, CZ

Inhaltsverzeichnis

Vorwort

Liebe Leserinnen und Leser!

Einerseits: Zig Millionen tun es.

Sie sind dabei im Minutentakt romantisch erfolgreich.

Online-Dating, ja bitte!

Andererseits: Einige Hunderttausend tun es und haben dabei nur mit einem Erfolg: dem Ausloten ihrer Frustrationsgrenzen.

Singlebörsen im Internet, pah.

Wer hat recht? Wer lügt?

Kurze Antwort: beide. Und niemand.

Wie so oft ist das Ganze ein wenig komplizierter, als sich im Twitter-Format erklären lässt. Ihnen ist das natürlich klar, sonst hätten Sie nicht zu diesem Büchlein gegriffen. Sie möchten gerne mehr wissen, mehr verstehen, vor allem aber: *erfolgreicher online daten.*

Genau das wollten wir auch. Und haben uns auf die Suche nach Antworten, Tricks und Kniffen begeben. Das ist, alles in allem, ganz gut gelaufen, sodass wir uns dachten: Das könnte doch andere auch interessieren. Das Resultat halten Sie jetzt in Händen, und wenn Sie uns fragen, ob es sich lohnt ...

Na ja. Sagen wir es so: Wir möchten Ihnen konkrete Hilfestellung anbieten, Sie dabei gut unterhalten und seriös informieren – und am Ende der Lektüre eine Fünf-Sterne-Kritik einheimsen. Aber nur, wenn Sie zufrieden sind. Das steht für uns an erster Stelle. Welche dieser Wünsche sich erfüllen werden, liegt in Ihrer Hand. Nur eine Bitte: Lesen Sie zumindest dieses Vorwort bis zu Ende, bevor Sie sich entscheiden, wie Sie dieses Buch finden.

Damit zurück zu den zwei Eingangs-Statements: Aussagen, die widersprüchlicher nicht sein könnten, und die trotzdem beide ein gutes Stück Wahrheit für sich in Anspruch nehmen können.

Aussage eins, »Zig Millionen tun es«, ist sogar die reine Wahrheit, jedenfalls aus Sicht der Betreiber von internetten Verkupplungsseiten. Was bei den »Zig Millionen« freilich nicht näher ausgeführt wird, ist der hohe Anteil an Karteileichen im System. Menschen, die einfach darauf vergessen haben, da und dort ihre virtuellen Selbstdarstellungen deponiert zu haben – wenn schon Online-Dating, dann doch gleich auf sechs Plattformen zugleich. Die vielleicht zu den Erfolgreichen gehören, ihre Profile aber dennoch nicht löschen, um sich ein Hintertürchen offenzuhalten und im Fall des Falles das oft mühsame Anlegen des Profils nicht erneut bewerkstelligen zu müssen. Oder schlicht das Interesse verloren haben beim 157. gescheiterten Versuch und nur noch auf das Ende ihrer Mitgliedschafts-Laufzeit warten.

Aussage eins, Teil zwei (»Sie sind dabei im Minutentakt romantisch erfolgreich«), ist deutlich mehr dem Reich der Werbemärchen zuzuordnen. Denn die Gleichsetzung eines verlorenen Kunden mit einer gewonnenen Paarbeziehung ist aus Sicht eines erfolgreichen Marketings zwar ein Hammer, der voll auf den Nagel trifft – der Wahrheitsgehalt der Behauptung ist aber nicht überprüfbar und dürfte etwa so hoch sein wie der durchschnittliche Wasserspiegel in der Sahara.

Machen Sie den Partnervermittlungen, Singlebörsen und Dating-Apps daraus keinen Vorwurf: Jeder Krämer lobt seine Ware. Genau das sind Online-Partnervermittlungen, Kontaktbörsen und dergleichen mehr: Händler einer Ware, ein (sehr erfolgreiches) Geschäftsmodell. Mit Romantik hat das erst einmal gar nichts zu tun.

An dieser Stelle gelingt wunderbar der Übergang zur zweiten Aussage (»einige Hunderttausend tun es und haben dabei nur mit einem Erfolg: dem Ausloten ihrer Frustrationsgrenzen«), denn wie alle Waren und käuflichen Angebote haben die diversen Anbieter auf dem Markt einen unterschiedlichen Wert. Sie notieren unterschiedlich an der (Single-)Börse, könnte man sagen, um auch diesen ganz und gar geschäftsmäßigen Begriff in seinem ureigentlichen Sinn zu verwenden. Und dieser Wert bemisst sich in erster Linie in Userzahlen: Sie sind es, die durch ihre Mitgliedschaft die virtuellen Beziehungsknüpfer überhaupt erst möglich machen. Also Sie, großgeschrieben, in der Annahme, dass Sie als Leser oder Leserin dieses Ratgebers bereits die eine oder andere einschlägige Erfahrung gemacht haben oder jedenfalls ernsthaft mit dem Gedanken spielen.

Wenn Sie also von den eingangs angeführten Aussagen eher der Nummer zwei Glauben schenken, dann könnte das daran liegen, dass es eine Aussage aus Ihrer Perspektive ist, aus der Sicht der User. Deren Erfahrungen sind häufig frustrierend und sie neigen dazu, nach erfolgreicher Desillusionierung, wenn der Lack der Anbieterversprechen erst einmal gründlich entfernt worden ist, ins gegenteilige Extrem auszuschlagen. Denn die alten Vorurteile, denen zufolge Online-Dating die letzte Zuflucht der Gescheiterten, der unvermittelbaren Zwangs-Singles und notorisch Beziehungsgestörten sei, sind lange schon überholt. Kennt nicht jeder heute mindestens ein Paar, das den Bund für den Lebensabschnitt unbestimmter Dauer mittels digitaler Beziehungsanbahnung geschlossen hat? (Menschen ohne Internetzugang und Alm-Öhis vielleicht ausgenommen.) Sehen Sie, das ist der Beweis: Es funktioniert. (Und falls Ihnen doch niemand bekannt sein sollte, besteht immer noch die Möglichkeit, dass Ihnen die wahre Kennenlerngeschichte verschwiegen wird. Auch wenn die Vorurteile überholt sein mögen – so ganz auf du und du mit den Online-Beziehungsshops sind viele doch nicht, sogar wenn sie selbst erfolgreich shoppen waren.)

Aber im Ernst: Es funktioniert, wirklich. Das liegt zum einen an der großen Zahl – selbst, wenn es tatsächlich

»nur« eine Million Menschen sein sollte, die zur selben Zeit am selben Ort dasselbe Ziel verfolgt, ist die Wahrscheinlichkeit, dass es nie zu einem Treffer in der Liebeslotterie kommt, gleich null. Wenn selbst ein blindes Huhn einmal ein Korn findet, was meinen Sie, welche endlos großen Weizenfelder sich dann erst Millionen Hühnern (und Hähnen) erschließen?

Aber um über Wahrscheinlichkeitsrechnung belehrt und mit Geflügel verglichen zu werden, haben Sie dieses Büchlein vermutlich nicht erstanden. Deshalb kommt sie jetzt endlich, die wirklich gute Nachricht: Sie haben es selbst in der Hand. Egal ob Sie sich unter den vielen Angeboten letztlich für eine Limousine der Luxusklasse, ein Aufreißergefährt, einen Pick-up, einen Traktor oder eines der unzähligen identisch aussehenden Gefährte der unteren Mittelklasse entscheiden: Was Sie zuerst einmal benötigen, ist ein Führerschein.

Online-Dating-Angebote sind ein Tool, mit dem der Umgang gelernt sein will. Je meisterlicher Sie das Tool benutzen, desto besser werden die Ergebnisse sein. Das zu erreichen, ist der Zweck dieses Ratgebers. Um beim Führerschein-Bild zu bleiben: Momentan wissen Sie, wie ein Auto aussieht, haben vielleicht auch bereits einige Male in einem Platz genommen, aber nur als Passagier. Nach der Lektüre dieser Zeilen chauffieren Sie Ihren sorgfältig und mit Sachkenntnis ausgewählten Wagen souverän über Stadt und Land, sind mit Pflege- und Wartungstipps zwecks Werterhaltung bestens vertraut und beherrschen vor allem eins: die hohe Kunst des Einparkens.

Unterhaltsame, informative und vor allem nützliche Lektüre wünschen Ihnen

Elfriede »11i« *Gerdenits* und *Helmuth* »Hel« *Santler*

Was ist Liebe?
Das ist doch ganz einfach!
Liebe ist alles, was unser Leben steigert,
erweitert, bereichert.
Nach allen Höhen und Tiefen.
Die Liebe ist so unproblematisch wie ein Fahrzeug.
Problematisch sind nur Lenker, die
Fahrgäste und die Straße.
(FRANZ KAFKA)

KAPITEL 1

Online-Dating – die Marktanalyse. Oder: Lernen Sie Ihren Spielplatz kennen!

Ein Warnhinweis scheint an dieser Stelle angebracht. In unserem Einstiegskapitel wird Helmuth Sie mit Facts & Figures konfrontieren, die Ihre Ohren schon mal zum Klingen bringen können. Mit Begriffen, mit Namen, Zahlen, Hintergründen und Details. Es klingt viel, aber keine Sorge, es kommt genau das, was Sie brauchen. Um sich sicher, lustvoll und vor allem erfolgreich auf Singlebörsen zu bewegen, sollten Sie über den Marktplatz, auf dem Sie sich tummeln wollen, Bescheid wissen. Das Angebot ist groß und vielfältig, und die passende Wahl zu treffen kann für Erfolg oder Misserfolg ein wichtiger Faktor sein

Wer lieber gleich mit den persönlichen Tipps fürs Online-Daten starten möchte (die Hintergrundkapitel können Sie bei Interesse jederzeit nachlesen): Schlagen Sie Kapitel 4 auf, »Das große Ich bin Ich«, ab Seite 73.

Wir haben als Autorenteam die Betreiber großer Singlebörsen interviewt. Wir haben unzählige Gespräche mit Singles geführt, die Erfahrung im Online-Dating haben. Viele davon finden Sie in den folgenden Kapiteln. Wir haben mit den Überglücklichen auf die ewige Liebe angestoßen und den Verzweifelten und Betrogenen mitfühlend zugehört. Wir haben Statistiken durchgeackert und uns selbst heldenhaft auf unterschiedlichen Singlebörsen als Lockvögel zur Verfügung gestellt. Dabei kam es zu spannenden Begegnungen. In eine davon ist Ihre Autorin heute noch verliebt.

Es gibt keine Ecke, in die wir nicht hineingeleuchtet hätten, um Sie mit dem versorgen zu können, was Sie von uns mit dem Kauf dieses Buches erwarten: Informationen, Empfehlungen, Warnungen, Best-Practice- und Worst-Practice-Beispiele.

Verschwenden Sie Ihr Leben nicht an die Einsamkeit. Ihre beiden Autoren würden zwar nicht als Kronzeugen für die eine, wahre und einzige Lebensliebe taugen. Doch wir haben verstanden, dass es nach jeder Phase des Alleinseins wieder eine der Gemeinsamkeit geben kann. Wenn man denn will ...

Und von denen, die wollen, findet sich aktuellen Schätzungen zufolge heute schon jedes vierte Paar online, was den Weg über den virtuellen Raum zur häufigsten Beziehungsanbahnungsstrategie macht. Bis 2031 soll sich der Prozentsatz gar verdoppelt haben. Auch die erzielten Umsätze schießen in die Höhe, kein Wunder also, dass weltweit an der Marke von 9.000 Online-Dating-Anbietern gekratzt wird. Allein im deutschsprachigen Raum buhlen mehr als 2.500 Websites um die kontaktwillige Kundschaft; die meisten davon sind freilich kleine, häufig werbefinanzierte Kontaktanzeigen-Angebote. In Österreich sind es allein um die 500 Anbieter, von denen immerhin 21 es geschafft haben, die Schwelle von 100.000 Mitgliedern zu überschreiten. Hochgerechnet käme man so locker auf drei Millionen alpenrepublikanische Online-Dater. Tatsächlich wird die Zahl der Nutzerinnen und Nutzer insgesamt auf rund 1,08 Millionen und damit ein Achtel der Bevölkerung geschätzt.

Was daraus über das Nutzerverhalten abzuleiten ist: Die meisten fahren, sind sie erst einmal auf den Trichter gekommen, mehrgleisig.

Das Eldorado für Online-Dating-Anbieter ist die Schweiz: Die Eidgenossen beiderlei Geschlechts berappen (bzw. befranken) pro Kopf weltweit am meisten für Online-Dating, z.b. etwa doppelt so viel wie Herr und Frau Österreicher. In dieser Statistik hängen sie seit Jahren ohne Unterbrechung alle anderen ab. Wobei eine weitere Besonderheit die Sache mit »beiderlei Geschlechts« etwas relativiert: Hauptverantwortlich für die hohen Umsatzzahlen in der Schweiz ist die Wachstumssparte Nummer eins innerhalb des Online-Dating-Marktes, das Adult Dating oder Casual Dating – im Klartext die Suche nach Sex. Explizit Sex-/Erotik-/Seitensprungsuchende sind wenig überraschend mit großer Mehrheit Männer: Im Schnitt beäugen drei bis vier männliche Augenpaare ein Angebot an potenziell williger Weiblichkeit. Umgekehrt formuliert heißt das, dass jede Frau rein statistisch die Wahl zwischen mindestens drei und im Extremfall sogar sechs Verehrern hat. Im Vergleich der deutschsprachigen Länder liegen beim Legen unmoralischer Angebote die Schweizer (Männer) in Front: Der Anteil der Sexkontaktsuchenden an allen Online-Datern beträgt hier 42 Prozent; in Österreich sind es 35 Prozent, in Deutschland nur 29. Ob das über die jeweilige nationale Sexualmoral oder das landestypische Beziehungsverhalten etwas aussagt und wenn ja, was, wird hier nicht weiter behandelt. Schließlich braucht auch die nächste Soziologengeneration eine Beschäftigung.

Der mit Abstand größte deutschsprachige Markt ist naturgemäß Deutschland, wie bei *singleboersen-vergleich.de* zu erfahren ist. Mit an die neun Millionen monatlichen Online-Datern und zusätzlich etwa 3,6 Millionen Sexsuchenden entsprechen dabei die Nutzerzahlen im Verhältnis zur Bevölkerungsgröße in etwa jenen in der Schweiz und Österreich: Rund ein Achtel der Deutschen sucht das Partnerglück online, Jahr für Jahr werden es 200.000 mehr.

Geschäft ist Geschäft – und nicht Romantik

Damit genug der Zahlen, die hier angeführt wurden, um einen Eindruck von der Bedeutung zu vermitteln, die Online-Dating mittlerweile erlangt hat: Es ist ein Massenphänomen, rund 15 Millionen Menschen im deutschsprachigen Raum sind aktuell zumindest einmal im Monat auf irgendeiner einschlägigen Website aktiv (auch wenn das, wie schon oben angedeutet, nicht 15 Millionen verschiedene Menschen sein dürften). Vor allem ist es aber, und das kann gar nicht früh und oft genug betont werden, ein *Geschäftsmodell.* Bitte behalten Sie das im Hinterkopf: Es wird den persönlichen Nutzen, den Sie aus der Lektüre dieses Helferleins ziehen können, deutlich steigern, wenn Sie sich von Anfang an mit dem Gedanken vertraut machen, dass das Online-Geschäft mit der Online-Romantik sehr viel mit Geschäft und sehr wenig mit Romantik zu tun hat. Je eher Sie das Ganze als das Werkzeug akzeptieren, das es ist, desto besser. Um beim eingangs gewählten Vergleich mit dem motorisierten Individualverkehr zu bleiben: Zwei Aspekte stehen im Mittelpunkt, zum einen die Fahrkenntnisse, also die Benutzung des Tools »Auto« bzw. »Singlebörse«, »Partnerbörse« oder wertneutral »Dating-Service«, zum anderen die Wahl des passenden Gefährts. In diesem Kapitel geht es um Zweiteres, und die Bandbreite ist groß: Vom kostenlosen Omnibus bis zum Limousinen-Service mit Chauffeur und State-of-the-Art-Navigationssystem, von der verdunkelten Nobelkarosse, über deren Insassen sich nur Vermutungen anstellen lassen, über SUVs und alle Arten von Pick-ups bis zur austauschbaren Masse der (unteren) Mittelklasse, von regionalen und bedürfnisorientierten bis globalen Fuhrparkbetreibern ist alles vertreten. Aber der Reihe nach ...

Das richtige Werkzeug: Typen von Singlebörsen

Etabliert hat sich die Grobunterscheidung zwischen Partnervermittlung, Kontaktbörse, Casual oder Adult Dating, Special-Interest-(Nischen-)Singlebörsen und Apps. Allerdings verschwimmen die Grenzen zunehmend, weshalb es nicht schadet, sich mit allen Formen ein wenig vertraut zu machen.

Die Klassenbesten unter den Dating-Services sind die Partnervermittlungen: Sie lukrieren den Löwenanteil der Umsätze[1] mit dem Singlebusiness, gelten als die seriösesten Anbieter, die stimmigerweise auch die »ernsthaftesten« User (im Sinne eines wahrhaftigen Beziehungswunsches) anlocken, und punkten mit den bei weitem höchsten Frauenanteilen unter den Big Players, bis zu 56 Prozent. (Einwurf meiner Autorenkollegin: Hohe Frauenanteile gehen zulasten der suchenden Damen. Stimmt. Punkte gibt es dafür nur aus männlicher Perspektive. Also der Ihres Autors.) Die bekanntesten Dating-Services gehören zu dieser Kategorie: der Abonnent auf die Auszeichnung als »beste Partnervermittlung«, PARSHIP, das wirtschaftlich im selben Stall untergebrachte ELITEPARTNER und EDARLING. Die diversen Singlebörsen-Vergleichsseiten im Netz listen diese drei in aller Regel in exakt dieser Reihenfolge auf. In Sachen Userzahlen haben hingegen Apps wie TINDER das Kommando übernommen, weshalb ihnen auch die höchsten Marktwerte als Unternehmen zugesprochen werden. Die Match Group, unter deren Dach u.a. die Dating-Zündler (TINDER ist das englische Wort für Zunder) zu finden sind, gab schon 2015 das ehrgeizige Ziel aus, mit der App bei einem Marktwert von drei Milliarden Dollar an die Börse zu gehen. Das ist zwar bis heute nicht passiert, aber hey! Bei 50 Millionen TINDER-Wischies (Stand 2017) wird's schon werden. Damit aber zurück zu den Primussen.

Wie der Name schon sagt, besteht der Zweck von Partnervermittlungen seit jeher darin, Partner zu vermitteln. Old School, sozusagen in Handarbeit, gibt es das ehrwürdige Gewerbe bereits seit Jahrtausenden. Die persönliche Kenntnis der handverlesenen Kandidatinnen und Kandidaten wie anno dazumal bei der Heiratsvermittlerin ist im virtuellen Massenbetrieb natürlich völlig undenkbar, einzig ELITEPARTNER bietet mit dem Feature der »Single-Porträts«, einer Vorstellung ausgewählter Kunden in Wort und Bild, so etwas wie Ansätze von Individualität. Online-Partnervermittlungen stufen ihre Klientel auf der Basis der quer durch alle Anbieter weitgehend identischen Fragebögen ein – kreuzen Sie an, füllen Sie aus: Größe, Gewicht, Alter, Haarfarbe, Hautfarbe und dergleichen mehr. Sowie als Alleinstellungsmerkmal mithilfe mehr oder minder raffinierter Psychotests. Das Resultat ist ein digitales Profil von Ihnen, ein Zahlenwert, der nun von einem (hochgeheimen!) Algorithmus weiterverarbeitet wird. Das System vergleicht die digitalen Profile, errechnet den Grad der Übereinstimmung und gibt diesen aus: die berühmten, hochgejubelten Matching-Punkte. Das wird gemeinhin als wichtigster Unterschied zur reinen Kontaktbörse genannt, die quasi eine Messe der Paarungswilligen ist, auf der jeder einen Stand betreibt und zugleich Besucher ist. Die Standgestaltung – das Anlegen des Profils – unterscheidet sich im Prinzip nicht von jener bei Partnervermittlungen, will man allerdings als Besucher aktiv werden, hat man genau diese eine Möglichkeit: eben selbst aktiv zu werden, auszuwählen und aktiv anzusprechen. Das System macht keine Vorschläge.

Soweit die klassische Definition, die allerdings längst nicht mehr stimmt: Die Unterschiede zwischen Partnerbörsen-Typen verschwinden. Besser gesagt: Was immer sich auf einer Plattform als verkaufs- und publikumsträchtig erweist, wird über kurz oder lang vom Mitbewerb kopiert und ins eigene Portfolio aufgenommen. So ist es mittlerweile bei zahlreichen Kontaktbörsen üblich geworden, ebenfalls auf potenzielle »Matches« hinzuweisen. Speziell mitgliederstarke Anbieter versuchen auf diese Art, den Partnervermittlungen ein wenig das Wasser abzugraben, z.b. LoveScout24 (früher FriendScout24, 2015 mit Neu zu einer sehr großen Plattform fusioniert, auch wenn die beiden Adressen nach wie vor existieren) oder der stark wachsende US-Anbieter Zoosk.com.

Matchings: Brunftschreie der Platzhirsche

An dieser Stelle ist eine deutliche Relativierung angebracht: Matchings sind nicht halb so wichtig, wie uns glauben gemacht wird, aus einer Vielzahl von Gründen, auf die noch näher eingegangen werden wird. Dazu gleich ein erster Erfahrungsbericht von Christa, 44, aus Salzburg: *Ich bin nach der Trennung von meiner langjährigen Lebenspartnerin seit einigen Monaten auf* ElitePartner *aktiv, um eine neue Partnerin zu finden. Meine Ex hat perfekt zu mir gepasst. Wir hatten gleiche Hobbys, die gleichen Lieblingsspeisen, hörten die gleiche Musik und wählten die gleiche politische Partei. Grund für unsere Trennung war – klassisch – eine Jüngere. Weil ich die früheren Gemeinsamkeiten mit meiner Frau so schätzte, nahm ich die Matchingpunkte als ausschließliches Auswahlkriterium. Bei den Dates stellte ich dann aber fest, dass das mit dem Matching für mich überhaupt nicht passte. Ich war frustriert. Erst als ich begann, diese vorgegebenen Pseudoübereinstimmungen zu ignorieren und mich mehr darauf konzentrierte, was die Frauen in ihren Profilen schrieben, wurden die Dates erfreulicher. Letztendlich hat es dann zwischen Jutta und mir gefunkt, obwohl uns das Matching dafür keine Chance gegeben hätte.*

Erwartungshaltungen, Überbetonung von Äußerlichkeiten, Minderbeachtung von Werten und Überzeugungen, Einzementieren von Bestehendem ... Die psychologischen Testungen der Partnervermittlungsbörsen sind sicherlich deutlich seriöser einzuschätzen als die Wartezimmer-Klassiker »Wie tickt deine BFF[2] wirklich?«, »Welcher DSDS[3]-Juror bist du?« oder Facebook-Zeittotschlägereien wie »Wärst du ein Vogel (Wurm, Raubtier, Seriencharakter in ...), welche Art von Vogel (Wurm, Raubtier, Figur in ...) wärst du dann?« Auch bieten sie eine ernstzunehmende erste Orientierungshilfe, die allerdings eher im Negativen funktioniert. Soll heißen: Minimale Matching-Punkte deuten mit recht hoher Verlässlichkeit darauf hin, dass eine Paarung nicht funktionieren wird; extrem hohe Matching-Werte sind aber überhaupt keine Garantie für funkensprühende Begegnungen. Letzten Endes besteht der wichtigste Beitrag der Tests für den erfolgverheißenden Einstieg in die Welt des Online-Datings vermutlich darin, dass man oder frau sich 20 bis 30 Minuten mit sich selbst beschäftigt: Damit lässt sich etwas anfangen. Sie könnten die Befragung nutzen, um sich über sich selbst und ihre Wünsche, Vorlieben und Abneigungen etwas klarer zu werden. Das kann sich bei der anstehenden Selbstdarstellung, sprich Profilerstellung, als hilfreich erweisen.

Die massive Betonung der angeblichen Genialität des psychologisch ausgefeilten Matching-Systems in Kombination mit einem als quasi unfehlbar gehandelten Matching-Algorithmus ist vor allem eins: wirkungsvolles Marketing. Imagebausteine wie Anspruch, Qualität, Seriosität, Tiefgang und dergleichen werden damit transportiert. Tatsächlich überzeugt bei den Online-Partnervermittlungen viel

mehr der Gesamteindruck: Zwar kostet die Vollmitglied-
schaft mehr als bei anderen Anbietern (Ausnahme: Sex-
kontaktbörsen, wenn Sie ein Mann sind), dafür wird aber
auch etwas geboten. Man wird mit vielen klugen Tipps für
den Gebrauch des Netzwerks versorgt, es gibt jede Menge
Hintergrundinformationen, eventuell ein Online-Magazin,
Sicherheitshinweise, Profilprüfungen, kostenloses User-Fo-
rum, keine vom Anbieter erzeugten Fake-Profile ... die Aufmachung ist geschmackvoll, Inhalte sind sprachlich korrekt,
die Technik verrichtet unauffällig, also weitestgehend stö-
rungsfrei, ihren Dienst. Wenige (ELITEPARTNER) lassen sich
auch vom TÜV prüfen, was unter anderem bedeutet: Ihre
Daten werden – TÜV-Ehrenwort – nicht an Dritte weiterge-
geben oder für sonst irgendwelche Zwecke missbräuchlich
verwendet.

Der Aufwand lohnt sich aus mehreren Gründen: Der
konsequent erfüllte Qualitätsanspruch ergibt ein stimmiges
Gesamtbild, erzeugt Vertrauen und hohe Glaubwürdigkeit.
Der Auftritt spricht gezielt ein Publikum an, das seinerseits
Wert auf Stil legt – wie in Sachen Kulinarik ist unter den
Partnerbörsen für jeden Geschmack etwas dabei, und auch
wenn sich gelegentlich ein Anzugträger an einen Würstel-
stand lehnen mag, gilt in der Regel doch, was der legendäre
Wiener Mundartpoet H. C. Artmann in seiner François-Vil-
lon-Übersetzung so formulierte: »Häuslratz zu Häuslkatz,
jedes Viech auf seinen Platz.«[4]

Der qualitativ hochwertige Auftritt spricht viele Menschen an, was für Online-Partnerbörsen zumeist ein
Gütesiegel per se darstellt: Viele Mitglieder sind gleichbe-
deutend mit vielen Möglichkeiten. Es spricht in hohem Maße
Gleichgesinnte an, in diesem Fall am Aufbau einer langfris-
tigen Partnerschaft, einer echten Beziehung Interessierte.
Auch die Fotoverschleierung, in erster Linie ein Lockmittel
für den Abschluss einer zahlungspflichtigen Mitgliedschaft,
kann durchaus in diesem Sinn ausgelegt werden. Sie zwingt

die Suchenden dazu, sich mit anderen, wenigstens ein klein wenig unter die Oberfläche reichenden Profilinhalten als den trügerischen, oft genug betrügerischen Bildern auseinanderzusetzen. Zumal sich dazu auch noch die »Fotofreigabe« gesellt: Wer mehr als das Profilbild sehen will, benötigt dazu die ausdrückliche Erlaubnis der »person of interest«. Alles zusammen führt dazu, dass das Männer-Frauen-Verhältnis bei PARSHIP, ELITEPARTNER und EDARLING annähernd ausgeglichen ist bzw. es sogar in der Regel leicht zugunsten der Frauen ausfällt (ca. 52 Prozent weibliche, 48 Prozent männliche Kunden, bei ELITEPARTNER sogar 56:44).

Quotenregelung: Sex ist männlich, Liebe weiblich

Bei allen anderen Anbietern überwiegen die Männer, wobei die Faustregel gilt: je unverbindlicher, desto männlicher. Wobei sich dieses »unverbindlich« sowohl auf die Partnersuche als auch auf das Eingehen zahlungspflichtiger Vertragsverhältnisse bezieht: Mann sucht tendenziell eher nach temporären Single-Auszeiten (wenn er denn Single ist) als nach festen Verhältnissen und will auf jeden Fall möglichst wenig, am besten gar nichts dafür zahlen. 55:45 beträgt die Mann-Frau-Quote bei LOVESCOUT24, der Nummereins-Singlebörse laut einer Vielzahl von Tests. Bei ZOOSK ist die Schieflage deutlich größer: 62:38 (Österreich) bzw. 66:34 (Deutschland) lauten hier die Zahlen. Ausgeglichener geht es auf der sehr jungen österreichischen Plattform KURIER-PARTNERSUCHE zu, dort gibt es mit 53 Prozent Männern einen leichten Überhang, der weiblichen Singles entgegenkommt. Die Konsequenz der Geschlechterverhältnisse ist nämlich paradox: Rein statistisch sind Männer wie Frauen immer da am schlechtesten dran, wo am ehesten auf ihre (von den Marketingabteilungen erhobenen) Bedürfnisse eingegangen wird. ELITEPARTNER hat (abgesehen von Alleinerzieherinnen-Portalen) den höchsten Frauenanteil, weil diese Plattform in Summe den weiblichen Anforderungen an einen Online-Dating-Anbieter am besten entspricht – und dementsprechend haben Männer hier, wiederum rein statistisch, die besten Chancen, Frauen kennenzulernen. Bei der Wahl der Partnerbörse sollten Frauen deshalb nicht reflexhaft den Partnervermittlungen den Zuschlag geben, sondern abwägen, ob es nicht den Versuch wert wäre, aus der Komfortzone herauszusteigen und sich eine Plattform mit Männerüberschuss zu suchen. Für Männer gilt vice versa das Gleiche.

Damit zurück zu unserer Marktanalyse. Auch die zuletzt genannten Anbieter machen Partnervorschläge, doch wenn wir schon die Bedeutung des Matching-Systems stark relativiert haben, wie sieht es dann erst in diesen Fällen aus – ohne Psychotest und psychologisch ausgefeilte und wissenschaftlich fundierte Paarbildung? Sehr einfach: Es ist reines Marktgeschrei, entbehrt jeglicher Grundlage und dient einzig und allein dem Zweck, Sie zum Abschluss einer kostenpflichtigen Mitgliedschaft zu bewegen. ZOOSK z.B. wirbt offensiv damit, auf dieser Plattform in zwei, drei Minuten ein »Profil« (man beachte die Anführungszeichen) online haben zu können. Wir leben schließlich in hektischen Zeiten, in denen die Investition von 20 bis 30 Minuten in einen Anmeldevorgang oft genug als mühsam empfunden wird. Bei ZOOSK geht das hingegen ruckzuck mit wenigen Klicks, obwohl der Anmeldevorgang sogar einen »Intelligenztest« (schon wieder Anführungszeichen ...) beinhaltet. Verpflichtend ist nämlich das Absolvieren eines Testlaufs Marke Wisch-und-weg-App: »Gib an, ob du jemanden treffen möchtest, indem du auf ›Ja‹, ›Jein‹ oder ›Nein‹ klickst.« Ist der Testklick erfolgt, hat man also unter Beweis gestellt, eine Computermaus zielgerichtet einsetzen zu können, gibt es als Belohnung ein Täfelchen mit der Aufschrift: »Du machst das gut. Gut gemacht.«

Auf die Gefahr hin, überheblich zu wirken, darf der männliche Teil Ihres Autorenteams von sich behaupten, diese Prüfung auf Anhieb und bravourös gemeistert zu haben, und seither erhält er täglich Dutzende Vorschläge in E-Mails mit Betreffzeilen wie »Wir möchten dir 33 neue Singles vorstellen: Warmherzige Blüte (52) aus Wien und mehr!« Dies auf ein »Profil« ohne Foto, ohne ein persönliches Wort, ohne Beschreibung meines »Traumpartners« (zu einer »Traumpartnerin« ist das System nicht in der Lage; so viel Gendern wäre dann doch angebracht gewesen), ohne Beschreibung meiner Interessen oder meines »perfekten Dates«. Zu lesen ist unter der Dummy-Silhouette lediglich »Mann, weiß, Schütze, 180 cm, Hochschulabschluss, kräftiger Körperbau«. Das reicht dem Anbieter augenscheinlich völlig aus, um mir in einem Monat über 30 E-Mails zu schicken, in denen mir an die 1.000 (woran bloß?) interessierte Frauen vorgeschlagen werden.

Natürlich sind diese Frauen nicht an einem anonymen, gesichtslosen Typen interessiert, der genau gar nichts über sich verrät. Sie wissen ja auch nichts davon, dass mit ihnen geworben wird. Es ist sogar mehr als fraglich, ob es sie überhaupt gibt: Die Vorschlags-E-Mails enthalten keine Links, die irgendwohin führen, lediglich die Betreffzeile. Es könnte also gut sein, dass einfach irgendein Benutzername ausgewählt und mit einer Zahl zwischen 20 und 40 versehen wird. Dann wären nicht 1.000 Damen, sondern immer nur ein Single pro E-Mail an mir interessiert. Doch selbst das ist nicht feststellbar, weil man von diesem E-Mail-Spam aus nicht einmal direkt auf die Seite gelangt, geschweige denn zu einem konkreten Profil.

Und loggt man sich direkt ein, lässt ZOOSK wenig zu, ohne die Brieftasche zu zücken, sprich eine kostenpflichtige Mitgliedschaft abzuschließen: keine Suche nach Benutzernamen, kein Lesen von erhaltenen Nachrichten, kein Beantworten von Nachrichten und natürlich kein aktives

Anschreiben; selbst »unbegrenztes Zuzwinkern« wird verrechnet. Chat-Anfragen kann man annehmen, nur um dann nicht chatten zu können ...

Partnerbörsen sind ein Geschäftsmodell. Es ist deshalb nachvollziehbar, dass man skeptischen Neuregistrierten eine Karotte vorhält, in die er oder sie ohne Bezahlung nicht beißen kann. Auch die Marktleader machen das. Die Geschäftspolitik von ZOOSK freilich erschließt sich dem Autor nicht, scheint es doch den Betreibern ausschließlich um eine Antwort auf die Frage zu gehen, wie man mit möglichst geringem Aufwand das Maximum von der Userschar lukrieren kann. Man fühlt sich wie zum Affen gemacht, und vielleicht erklärt das ja den Namen des US-Anbieters.

Einschränkungen lassen sich auch anders handhaben: PARSHIP und ELITEPARTNER zeigen z.b. nur ihrer zahlenden Kundschaft die Fotos von mehr oder minder matchenden Singles ohne vorgeschobenen Milchglaseffekt (sofern diese zusätzlich von den Mitgliedern freigeschaltet wurden).

Auch andere aktiv anzusprechen, ist nur Premium-Mitgliedern möglich. Erhält man jedoch eine persönliche Nachricht, lässt sich diese lesen und beantworten, wenn auch – bei ELITEPARTNER – mit der Einschränkung: nur ein einziges Mal. (Das heißt, sollte tatsächlich ein Gespräch beginnen, also auf die Antwort eine Antwort erfolgen, müsste man spätestens einen Vertrag abschließen, um es zu führen; zu diesem Zeitpunkt kann man sich des Interesses von zumindest dieser einen Person aber bereits recht sicher sein.)

Die Partnervermittlungen machen natürlich Partnervorschläge, das entspricht in ihrem Fall ja dem eigenen Anspruch. Die sind online zu finden, werden aber ebenso regelmäßig per E-Mail geliefert – und sind so, wie man sich das vorstellt: konkrete Personen samt Direktlink auf deren Profil.

Die Auswahl erfolgt auf der Basis der Matching-Punkte und hat somit eine nachvollziehbare Grundlage, wenn deren

Aussagekraft auch wie erwähnt nicht überbewertet werden sollte.

Etwas attraktiver ist das kostenlose Angebot bei LoveScout24: Hier erhält man immerhin echte Vorschläge per E-Mail mit Link auf konkrete Profile und kann beim »Date-Roulette« mitwischen ... ich meine natürlich mitmischen. Ab und an landet eine Einladung zu einem Event in der Mailbox – Afterwork in der Bar »Sowieso« (wobei die Vermutung naheliegt, dass sich derlei auf Ballungsräume beschränkt). Das war es dann aber auch schon mit dem Gratisangebot. Generell lässt sich das, was auf Singlebörsen kostenlos möglich ist, mit den Gebräuchen in einer Go-go-Bar vergleichen: »You can look, but you better not touch, boy.«

Was das Angebot an Ansehbarem betrifft, hat LoveScout24, seit 2015 Teil des Online-Dating-Giganten Match.com, jedenfalls klar die Nase vorn: Es ist mit rund sechs Millionen Mitgliedern die nutzerstärkste Singlebörse im deutschsprachigen Raum. Um auf der vor lauter Möglichkeiten etwas überladen wirkenden Site aber wirklich uneingeschränkt agieren zu können, ist die Mitgliedschaft fällig – und die kostet dann nur unwesentlich weniger als bei den Partnervermittlungen. Insbesondere deshalb, weil Letztere auf Zögerlichkeit beim Bezahlen mit immer besseren Angeboten reagieren: 20 Prozent auf drei Monate, 20 Prozent auf sechs Monate, 30 Prozent ... nach fünf oder sechs Wochen war dann der Rabattplafond mit 50 Prozent auf die gesamte Laufzeit erreicht und wurde fortan lediglich immer mal wieder neu angeboten. Auch LoveScout24 lockt gelegentlich mit (deutlich weniger großzügigen) Rabatten, nur bei Zoosk gilt anscheinend die strikte Devise: Vollzahler oder voll unerwünscht.

So werden Sie die Kosten los

»Was nichts kostet, ist nichts wert« – diese Formulierung haben viele von uns, eingeboren in den real existierenden Kapitalismus, verinnerlicht. Das stimmt mitunter sogar: Die Qualität eines Partnervermittlungs-Auftritts à la PARSHIP & Co gibt es schlicht und einfach nicht geschenkt. Userzahlen, wie sie LOVESCOUT24 für sich in Anspruch nehmen kann, sind schwer zu toppen. Aber schon hier beginnt es sich zu spießen, tritt die wirkmächtige selbsterfüllende Prophezeiung im Sinne des eingangs dargebrachten Kostet-nichts-ist-nichts-wert-Sagers auf den Plan. Denn es gibt da draußen durchaus völlig kostenfreie Kontaktbörsen, die zwar nicht auf »eierlegende Wollmilchsau« machen, aber ihren eigentlichen Zweck, die Bereitstellung einer Plattform für das Herstellen von Kontakten, solide erfüllen. Was spricht also dagegen, sich – vielleicht anfangs, zu Übungszwecken, mit spielerischem Ansatz – einer solchen Seite zu bedienen, anstatt sich mit andauernd aufpoppenden Beschränkungen herumzuärgern? Nichts – aus unserer Sicht. Sie haben keinerlei finanzielles Risiko, und die Gefahr, sich Herzeleid einzuhandeln, ist überall dieselbe.

Die ausdrückliche Empfehlung lautet daher: Suchen Sie sich eine wirklich kostenfreie Spielwiese und spielen Sie. Oder besser zwei. Noch besser drei. (Einwurf 111: Ja, aber vor allem Anfänger besser hintereinander, um nicht völlig den Überblick zu verlieren – das endet dann oft in Frustration, bei Ihnen, weil Sie nur mehr Überforderung erleben, und bei den vielen, denen Sie nicht mehr antworten (können).) So bekommen Sie auch gleich ein Gefühl für die feinen Unterschiede, die Mitgliederstruktur, das Handling ... Mit »wirklich kostenfrei« ist gemeint: Sie können uneingeschränkt Kontakte knüpfen, stöbern, anschreiben, Nachrichten lesen, eventuell chatten, wenn die Site es ermöglicht; mit einem Wort, Sie können die wesentlichen Funktionen einer Singlebörse in vollem Umfang nutzen, ohne dafür etwas zahlen zu müssen. Nicht jetzt und auch nicht später. Darauf wird auf den Startseiten naturgemäß gerne hingewiesen:»völlig kostenlos«,»ist kostenlos und bleibt es auch«,»dauerhaft kostenlos«,»keine versteckten Kosten« und dergleichen mehr ist da zu lesen (oder auch nicht). Lassen Sie sich auf jeden Fall nicht vom Wörtchen »kostenlos« allein blenden:»kostenlos registrieren« können Sie sich überall. Sollte außer diesem bescheidenen Angebot – Sie dürfen unser Lokal betreten, ohne Eintritt zu bezahlen – aber kein weiteres im Sinne von»dauerhaft/völlig/immer kostenlos« zu finden sein, sollten Sie davon ausgehen, dass über kurz oder lang Geld von Ihnen verlangt werden wird.

Doch sogar »ehrliche« Gratis-Plattformen locken nicht selten mit speziellen Zusatzangeboten, bei denen es ums Kleingeld geht. Ein Beispiel dafür ist MYFLIRT.COM: Will man nämlich auf der ansonsten kostenlosen Site an der »Auktion ›Singe der Woche‹« (genau so steht's da) teilnehmen, müssen dafür Credits erworben werden.

Die mitgliederstärkste wirklich kostenfreie Singlebörse ist das vielfach empfohlene FINYA.DE/AT/CH, das zudem mit einer weiteren Besonderheit aufwarten kann: Sie müssen sich zwar bei der Registrierung als Mann oder Frau auf der Suche nach Mann oder Frau deklarieren, später bietet das System aber auch die Möglichkeit,»jemanden« zu suchen. Bisexuelle mögen zwar zahlenmäßig wenig ins Gewicht fallen, es macht aber eindeutig gute Stimmung, dass diese Gruppe nicht von vornherein ausgeschlossen wird, wie es ansonsten im Kontext einer»normalen« Kontaktbörse fast ausnahmslos der Fall ist. (Auf Sexbörsen können Sie nach jeder denkbaren Kombination suchen.)

· Hunderte weitere Kostenlos-Seiten tummeln sich in den Weiten des Netzes: Speziell im süddeutschen Raum etwa KWICK.DE, in Österreich und ein wenig in Bayern BUSSI.AT, FLIRTSOFA.COM und JAPPY.COM (wieder Deutschland,

Zweitere mit creditpflichtigen Gimmicks) ... Im gesamten deutschsprachigen Raum aktiv inklusive Chatfunktion ist LABLUE.DE/AT/CH, der deutschsprachige Ableger der größten US-Gratis-Singlebörse, POF.DE, behauptet nicht weniger als »50.000 Neue Singles Pro Tag!« (Zitat erneut mit sämtlichen Fehlern) anzulocken. Und so weiter und so fort. Googeln und browsen Sie sich einfach durch das überreichliche Angebot, Sie kennen sich da ja aus.

An dieser Stelle sei noch einmal darauf hingewiesen, dass es sich um die Vorbereitungssaison handelt, um einen Probegalopp. Das Spielerische sollte im Vordergrund stehen, und insbesondere die weiblichen Kontaktsuchenden seien daran erinnert, dass »gratis« speziell für Männer den unausgesprochenen Zusatz »und unverbindlich« enthält. Frauen auf ernsthafter Prinzensuche sind auf den Gratis-Plattformen nicht gut aufgehoben. Wer hier mit übersteigerten, deplatzierten Erwartungen einsteigt und das eine Dutzend blöder Anmachen oder das siebente Geghostet-Werden zu persönlich nimmt, riskiert ein angeknackstes Selbstwertgefühl!

Nein, Zweck der Übung ist, Zeit und Erfahrung zu gewinnen. Registrieren Sie sich gleichzeitig mit Ihrem ersten Einstieg bei einer Partnervermittlung, jedoch noch ohne eine Mitgliedschaft abzuschließen. Auch auf die Gestaltung des Profils sollten Sie weitestgehend verzichten. Denn während Sie sich auf Ihren gewählten, kostenlosen Spielwiesen vergnügen und dabei viel über das Online-Daten, die Selbstdarstellung, das Formulieren von Profiltexten, E-Mail-Anfragen und -Antworten und dergleichen mehr lernen, beginnen bei der Partnervermittlung die Fristen zu laufen; bald schon erhalten Sie wie weiter oben erwähnt Rabatte angeboten – bis -50 Prozent. Wenn es so weit ist und Ihre Wiesenspiele noch nicht zum Erfolg geführt haben, ist die Zeit vielleicht reif für den nächsten Schritt: all-in bei einer Partnervermittlung. Und dort starten Sie dann, gestählt durch Dutzende

Online-Flirts, -Chats und -Dates und solcherart ausgestattet mit der Lizenz zum Online-Daten, gleich ganz anders durch – und das zum halben Preis.

Ein kleiner Wermutstropfen bei dieser Taktik: Frischlinge, also Neueinsteiger, werden zunächst einmal bevorzugt vermittelt, das heißt, eine erkleckliche Zahl an Nutzern der Partnervermittlung wird auf Ihr »Profil« hingewiesen, wo aber womöglich nichts weiter steht und nur die Dummy-Silhouette statt eines Fotos zu sehen ist. Wenn Sie dann nach fünf oder sechs Wochen ein ausgetüfteltes, topaktuelles und mit wirklich guten Fotos versehenes Profil online stellen, hat sich Ihr Image womöglich bereits vom begehrten Neuling zum Restposten gewandelt. Das ist kein Grund zur Sorge – die Vermittlungsvorschläge kommen schon, und vor allem liegt es an Ihnen selbst, durch Aktivität wieder an Begehrtheit zuzulegen. Stellen Sie sich aber darauf ein, dass Ihr langes Zuwarten bis zur Erstellung eines guten Profils thematisiert werden könnte, und gehen Sie im Fall des Falles ganz offen damit um.

Jedem ihre Singlebörse

Hinter den wenigen Platzhirschen reihen sich Hundertschaften an kleineren Kontaktbörsen ein, die darum ringen, ihre jeweiligen Besonderheiten an die Paar(bild)ungswilligen zu bringen. Da gibt es fast nichts, was es nicht gibt – Alleinerziehende (MOMS-DADS-KIDS.DE, SINGLEMAMA.DE, HALBVOLL. NET, SINGLEMITKIND.CH ...; übrigens die Kontaktseiten mit den absolut größten Frauenanteilen), Singlebörsen für Menschen mit körperlichen Besonderheiten (RUBENSFAN.DE/AT, GROSSELEUTE.DE, KLEINESINGLES.DE, RUNDNAUND.CH ...), Portale für Menschen mit Behinderungen/Erkrankungen (GL-SH.DE für Hörbehinderte und Gehörlose, PAPASU.DE, die

Patienten-Partner-Suche, FLIRT-PROJEKT.COM für HIV-Positive ...), sodann natürlich Angebote für Ältere (meist definiert als 50+) oder Seiten wie GLEICHKLANG.DE, die versuchen, Weltanschauungen zu verbinden, seien die nun vegan-buddhistisch oder vegetarisch-hinduistisch ausgerichtet. Oder auf das Geschlecht bezogen: Im November 2017 erhob das deutsche Bundesverfassungsgericht die Forderung nach Einführung eines dritten Geschlechts – etwa 100.000 Menschen im deutschsprachigen Raum weisen Merkmale von Mann und Frau auf und sind daher intersexuell. GLEICHKLANG.DE nahm das zum Anlass, auf das völlige Fehlen dieser Kategorie an den Partnerbörsen hinzuweisen. Auch wer sich in der sexuellen Orientierung nicht entscheiden kann oder will, ist krass unterrepräsentiert: Echte Angebote an Bisexuelle sind kaum zu finden.

Nicht vergessen hat man auf die Christenheit. Dass auch (katholische) Religiosität und begehrende Liebe kein Widerspruch sind, beweist die Plattform KATHTREFF.ORG. Wir haben mit der Gründerin und Betreiberin, Gudrun Kugler, gesprochen. Sie hat gemeinsam mit ihrem Mann von der Öffentlichkeit weitestgehend unbemerkt ihre Partnerbörse mittlerweile in acht Ländern etabliert. Mit Kolumbien im September 2017 startete die Expansion im lateinamerikanischen Raum. »Wir«, so Kugler, »sind eine Community, in der Menschen Glauben und Werte miteinander teilen.« Aber nicht nur Katholikinnen und Katholiken haben ihre eigene Partnerbörse, auch für sonstige christliche Kirchen (WWW. HIMMLISCH-PLAUDERN.DE/AT/CH) ist gesorgt und selbstverständlich existieren auch muslimische (WWW.MUSLIMLIFE. EU), jüdische, hinduistische usw. Angebote.

Outdoor-Begeisterte haben mit NATURVERLIEBT.DE ihre eigene Partnerbörse. (Was es über unsere Gesellschaft aussagt, dass Menschen mit Liebe zur Natur mittlerweile als eigene Spezies gehandelt werden, sei dahingestellt.) Des Weiteren gibt es Reisepartnervermittlungen bzw. Singlereisen-Seiten (mit 50:50 Geschlechterverhältnis, unterteilt nach Alter, Reiseziel, bevorzugter Urlaubsgestaltung ...), dann selbstverständlich das weite Feld der sexuellen Orientierungen von schwul-lesbisch über Fetisch und BDSM bis zum Cougar-Dating-Portal und der Amateursexvideo-Community, aber auch seriöse Beziehungsseiten für den schwul-lesbischen Bereich wie etwa GAY-PARSHIP.DE. Es finden sich Spezialangebote für besondere Berufsgruppen (Bauern, Gastronomie, Fleischer (wirklich!), Ärzte, Polizei ...) oder bestimmte Regionen (HERZKLOPFEN.TIROL, VERLIEBT-IN-NIEDERSACHSEN.DE, PFORZHEIMER-FLIRT.DE) oder spezielle Freizeitvergnügungen (SINGLEWANDERN.AT).

Uff. Und das war jetzt wirklich nur ein wenig an der Oberfläche gekratzt ... Allen diesen Angeboten gemein ist eine relativ kleine Mitgliederzahl, die sich naturgemäß aufgrund der Spezialisierung ergibt, und meist eine sehr kulante Preisgestaltung, wenn sie nicht überhaupt kostenlos sind. Dafür sind sie, um es im Businessjargon zu sagen, sehr zielgruppenspezifisch. Deshalb: Sollten Sie sich in irgendeiner der Kategorien wiederfinden, sind diese Spezialbörsen mit Sicherheit einen Versuch wert.

IQ Elite

Was wie ein Geheimkommando für die Übernahme der Weltherrschaft durch Nerds klingt, ist tatsächlich eine Partnerbörse, die zum Anfüttern anbietet, einen Intelligenztest zu machen. Einen echten diesmal, wenn auch für nicht zahlende Mitglieder nur in einer abgespeckten Version. Auch seinen EQ, also die emotionale Intelligenz, kann man auf dieser Seite erheben, wiederum in einer Grund- und einer Premium-Version, sowie den Liebestyp; ein Persönlichkeitstest, wie er von vielen Seiten bekannt ist, darf selbstverständlich nicht fehlen. Interessant und ungewöhnlich ist auch das Grobsuchraster: Freundschaft, Brieffreundschaft, kurzfristiges oder langfristiges Dating stehen zur Wahl, Mehrfachauswahlen sind möglich. Sympathisch ist der niederschwellige Zugang: Vier Kontakte täglich sind für Nichtzahler möglich, lediglich ein Profilfoto ist dafür Bedingung.

Warum wir IQELITE.COM einen eigenen Zwischentitel zugestehen: Die klischeehafte Angst der Männer vor klugen (oder, Göttin bewahre, gar klügeren Frauen) ist leider allzu oft weit mehr als ein Klischee. Dr. Eckart von Hirschhausen erklärt das Phänomen in seinem Buch »Wohin geht die Liebe, wenn sie durch den Magen durch ist?«: Eine Frau auf Augenhöhe ist Männern oft zu anstrengend, während sich Frauen traditionell für Männer interessieren, die im Status über ihnen stehen. Weshalb zwei Gruppen übrigbleiben: doofe Männer und schlaue Frauen. Ebenso ist es häufig mehr als ein Gerücht, dass hohe logische Intelligenz (IQ) mit niedriger emotionaler Intelligenz (EQ, also soziale Kompetenzen, Kommunikationsfähigkeit, Einfühlungsvermögen usw.) einhergeht – auch wenn der Begriff »Nerd« eher nicht als Abkürzung mit der Bedeutung »not emotionally responsive dude«[11] entstanden sein dürfte, wie Ihrem Autor gegenüber einmal behauptet wurde.

Auf dieser Seite gibt es keine Ausreden – zumindest, wenn wir optimistisch davon ausgehen, dass die 55 Prozent der Frauen auf IQ ELITE sich nicht nur deshalb für dieses Angebot entschieden haben, weil sie auf ihrer Suche nach schlauen, klugen Mannsbildern Gewissheit haben möchten, sondern weil sie selbst zu den intelligenzmäßig Begünstigten gehören. Und die Männer auf dieser Seite davon angezogen werden. Die oben beschriebene Verteilungsproblematik sollte auf dieser Seite deutlich weniger ausgeprägt sein: Doofe Männer gibt es keine, und die schlauen Frauen haben das bestmögliche Angebot an männlichen Pendants bzw. derartigen Intelligenzbestien, dass selbst die klügsten Frauen sich im Sinne von Hirschhausen statusmäßig nach oben orientieren können, wenn sie das möchte. Das Matching-Verfahren ist jedenfalls danach ausgerichtet: IQ-, EQ-, Liebes- und Persönlichkeitstest werden berücksichtigt. Die konkreten Punktzahlen sind dabei für andere nicht einsehbar und können auch nicht à la Körpergröße in Eigenregie im Profil angegeben werden. (Tipp: Winken Sie damit besser nicht in Ihrem Profiltext …) Womit dann alles angerichtet sein sollte für einen Nerd-Match in Heaven. (Stimmt so: IQ ELITE – Ihr exklusiver Match, und tatsächlich ist Match laut Duden sächlich oder, zumindest im Schweizerischen, männlich. Man lernt eben nie aus – und auf dieser Seite sogar schon beim Lesen der Tagline.)

Just Sex

Der grobe Überblick über die großen Angebote wäre nicht vollständig ohne Erwähnung der dezidierten Sex- bzw. Seitensprungportale, auch wenn sich dieser Ratgeber in weiterer Folge nicht mit den narrensichersten Methoden befassen wird, eine gerade eben begründete Partnerschaft wieder an die Wand zu fahren. Weltweite Nr. 1 mit angeblich mehr als 70 Millionen Usern im Geschlechtermissverhältnis von 85:15 ist ADULTFRIENDFINDER.COM, andere Namen wie C-DATE, CASUAL LOUNGE, LISA18, LOVEPOINT, JOYCLUB, GETITON usw. usf. lassen an den Absichten ebenfalls wenig Zweifel aufkommen.

In dieser Sparte steckt eine Menge Geld, es ist das am schnellsten wachsende Segment im gesamten Online-Dating-Geschäft. Das bringt eine gute und eine schlechte Nachricht mit sich: die schlechte ist, dass es nach wie vor »billige Bumsbuden« (SINGLEBÖRSEN-VERGLEICH.AT) zuhauf gibt, deren Geschmacklosigkeit oftmals nur von ihrer Geldgier übertroffen wird, aber auch etliche Abzocker, die nicht in jedem Fall auf den ersten Blick als solche zu erkennen sind.

Dann müssen es halt laufende Wortmeldungen blutjunger, bildhübscher Damen tun:»Ich bin gerne eine bisschen versaut und hoffe, du magst das, denn dann macht es doppelt so viel Spaß. Und Spaß wollen wir doch beide?« Hm ... könnte das ... wär' aber schon ...

Okay, Männer, schnell mal den Blutandrang wieder in die höheren Körperregionen umleiten: Falls jemand tatsächlich die leiseste Hoffnung hegt, *RonjaWSucht* ginge es mit dieser Ansage wirklich darum, mit ihm in der Kiste zu landen, möge er bitte einen Blick in die AGB werfen, die selbst die schmuddeligste Schmuddelseite haben muss. (Scrollen Sie auf der Website ganz bis nach unten und ärgern Sie sich nicht: Die kleinen schwarzen Flecken sind kein Schmutz auf Ihrem Bildschirm, sondern die Links zu den gesetzlich vorgeschriebenen Inhalten.) Suchen Sie dort nach dem Worten »Agenten« und/oder»Moderatoren«, und wenn Sie fündig werden, nach einer anderen Sexkontaktbörse.

Die gute Nachricht: Insgesamt steigt das Niveau auch in diesem Bereich, was vor allem für Frauen den Zugang interessanter macht. In Zeiten beständig wachsender weiblicher Selbstbestimmtheit ist es zudem für immer mehr Frauen (aus einem großstädtischen Umfeld) eine Selbstverständlichkeit, sich aus der angestammten Rolle der Gejagten zu lösen und selbstbewusst dem horizontalen Zeitvertreib zu frönen. Kurz gesagt: Das oben erwähnte katastrophale Missverhältnis bessert sich, was der Zahl an erfolgreichen Paarungsvermittlungen nur guttun kann, und das durchaus in beide Richtungen gedacht. Schließlich ist es ja auch für Frauen nicht hilfreich, mit Anfragen zugeschüttet zu werden und den strammsten Baum vor lauter Wald nicht mehr erkennen zu können.

Wem das Sexkontakt-Treiben nicht behagt, weil es zu sehr an eine Pornomesse erinnert, fühlt sich vielleicht auf

Seitensprung-Agenturseiten eher zu Hause. Der Unterschied: Die Agenturseiten vermitteln Sexdates und reduzieren so den Aufwand, sich selbsttätig durch das Inseratangebot zu wühlen bzw. die eigene Haut zu Markte zu tragen. Manche Seiten decken beide Bereiche ab, etwa C-DATE oder der ADULTFRIENDFINDER, andere wie MEET2CHEAT verweisen auf bald 20 Jahre »Vermittlungserfahrung« und konzentrieren sich ganz auf den klassischen Seitensprung, wofür alles geboten wird. Bis hin zu detaillierten Dos and Don'ts, um erfolgreich Ihren Partner oder Ihre Partnerin zu betrügen. Sprich: nicht dabei erwischt zu werden. Wer Monogamie und Treue zum Ideal erklärt hat, empfindet derlei vermutlich abscheulich, in gewisser Weise sind diese Plattformen aber ehrlicher als andere: Die Hauptlüge der männlichen Online-Dater bezieht sich auf ihren Beziehungsstatus. Bei den Seitensprung-Seiten wird wenigstens mit offenen Karten gespielt – wenn auch nur in dieser Hinsicht.

Wisch und weg

An ein Kartenspiel, Quartett, erinnern die Apps à la TINDER, LOVOO, BADOO & CO. In Sachen Nutzerzahlen und Medienpräsenz haben die Kontakt-Apps allen anderen Dating- Services den Rang abgelaufen, ihre Simplizität macht sie zu weltweit einsatzfähigen Tools. Exklusiv als mobile Angebote sind sie freilich schon lange nicht mehr. Keine Plattform, die irgendetwas auf sich hält, kommt heute ohne Nutzungsmöglichkeit auf allen Geräten aus, sei es PC, Smartphone oder Tablet, und etliche haben bereits damit begonnen, die Wisch-und-weg-Apps 1:1 zu kopieren: siehe Dating-Karussell auf LOVESCOUT24 oder ZOOSK, wo gleich der Einstieg ganz im Stile der Dating-Apps erfolgt. TINDER macht es übrigens umgekehrt und bietet seit Kurzem auch die Verwendung am PC an. Eine weitere Maßnahme der Nummer-eins-Dating-App zur weiteren Vergrößerung ihres Einflussbereiches ist das im Juli 2017 eingeführte Feature »more genders«, womit die Trennung in Singlebörsen für Heteros und solche für LGBTs (LESBIAN, GAY, BISEXUAL UND TRANSGENDER) der Vergangenheit angehört; TINDER ist für alle Geschlechter(identitäten) da. Zum Dating-Karussell ist noch anzumerken, dass sowohl LOVESCOUT24 als auch TINDER zur Match-Group gehören, hier liegt also der klassische, umsatzbelebende Schein-Konkurrenzkampf zwischen Marken desselben Anbieters vor. Persil vs. Weißer Riese sozusagen (beide Henkel) oder Ariel vs. Dash (beide Procter & Gamble). So ist es wohl nur eine Frage der Zeit, bis auch LOVESCOUT24 nachzieht und etwas im Sinne von »more genders« ins Angebot aufnimmt.

Der Begriff Wisch-und-weg-App sollte es deutlich machen: Ihr Autorenteam ist von der Oberflächlichkeit, der Reduzierung von Menschen auf den Status einer Regalware im Supermarkt alles andere als angetan. Ernsthafte Beziehungssuche findet denn auch anderswo statt, zumal die Nur-Apps in Sachen Profilgestaltung wenig bis gar nichts zulassen. Was freilich nicht bedeutet, dass TINDER & Co speziell für die Altersklasse (deutlich) unter 30 nicht funktionieren. Wie alle anderen Dating-Services sind es zuallererst Tools zum Kennenlernen, und bei aller ethischen Empörung, die man gegen die virtuelle Fleischbeschau ins Treffen führen kann: schneller und direkter auf den Punkt kommt nichts anderes. Und was aus einem einmal etablierten Kontakt entsteht, ist letztlich genauso unvorhersehbar wie bei einem nach sorgfältiger Profilerstellung und Profilselektion, wortgewandtem E-Mail-Austausch und prickelnden Telefonaten endlich festgelegten ersten Date.

TINDER-Dates und PARSHIP-Dates unterscheiden sich freilich sehr deutlich: In einem Fall ist es zuallererst oder nur Spiel und Spaß, ein unverbindliches Sich-Beschnuppern, im anderen eine gewissermaßen planmäßig und zweckgebunden herbeigeführte Begegnung. Was sich infolge daraus ergibt, entspricht zwar schon oft den Absichten, ist aber letztendlich unvorhersehbar. Aus reinem Spiel und Spaß kann durchaus eine längerfristige, tiefgehende Beziehung entstehen, die mit aller gebotenen Ernsthaftigkeit organisierte Zusammenkunft zwecks Partnerfindung hingegen zu einer schnellen, heißen Affäre führen ... oder zu einem netten Flirt ... zu einer Freundschaft ... oder zu überhaupt nichts.

Dennoch ist, wer auf der Suche nach einer richtigen, dauerhaften Beziehung ist und das Bäumchen-wechsle-dich der Sturm-und-Drang-Jahre hinter sich gelassen hat, mit den Wisch-und-weg-Apps nicht gut beraten; es ist einfach das falsche Tool. Aus Portugal kommt ein mobiles Angebot, das die zutiefst konsumistische Wegwerfmentalität dieser Dating-Services auf die Spitze treibt: die als »Social Experiment Game« bezeichnete App F*CK MARRY KILL. Jeweils drei Foto-Vorschläge werden gemacht, die Sie dann zuteilen: vögeln, heiraten oder abmurksen. Matches können miteinander in Kontakt treten. Ein Treffen von zwei Menschen, die einander auf den ersten Blick ermorden wollten, verspricht ja zumindest einiges an Spannung ...

Na ja. Was Sie, liebe Leserinnen und Leser, für die wir dieses Buch geschrieben haben, sich aber dennoch von den Apps abschauen können, ist der spielerische Ansatz. Humor und Spaß kommen sowieso immer stets gut an, noch wichtiger ist es aber, frei von Erwartungen zu sein. Denn jede wie auch immer geartete Erwartungshaltung stellt eine selbst und unnötigerweise herbeigeführte Beschränkung der Möglichkeiten dar. Nehmen wir z.B. an, Sie haben ein Date mit Ihrem programmierten Traumprinzen: Diesmal ist es der einzig Richtige, alles andere ist undenkbar. Es funkt dann aber doch nicht so, obwohl durchaus Sympathie vorhanden ist. Wären Sie ohne fixe, ultrahohe Erwartungen in dieses Date gegangen, hätten Sie vielleicht einen Freund gewonnen;

so aber schnitzen Sie bloß eine weitere Kerbe in Ihr Single-dasein-Frühstücksbrettchen.

Im Übrigen kann es schon morgen genau das Angebot geben, auf das Sie gewartet haben und das genau das Ihre ist. Die App WHISPAR wirbt für ihren Dienst z.b. mit dem netten Spruch »Love is in the EAR«, das dortige Profil wird aufgesprochen. Männer, nehmt zur Kenntnis: Frauen lieben den »Ohrgasmus«[12]. Also lasst sie etwas hören.

Freizeitpartner: Zuerst spielten sie Tennis prächtig ...

Die bisher vorgestellten Online-Dating-Typen haben eines gemeinsam: Bei allen möchten Sie quasi jemanden kennen-lernen, um jemanden kennenzulernen – was konkret Gefahr läuft, so verkrampft zu werden, wie es sich anhört. Im »ech-ten« Leben (Beziehungsanbahner Nr. 1 ist nach wie vor der Arbeitsplatz) ist es eher die Ausnahme, dass Sie jemanden ausschließlich um seiner oder ihrer selbst willen kennenler-nen – man kommt einander über gemeinsame Interessen und Aktivitäten näher.

Unter dem Deckmantel der Freizeitpartnerschaft lässt es sich vorzüglich verdeckt daten, bestätigt auch Uwe Thomas, der Geschäftsführer von ICONY, obwohl die fast hundert Da-ting Sites, für die er verantwortlich zeichnet, wie klassische Kontaktbörsen funktionieren: »Ich geh da rein über mein Thema, meine Leidenschaft.« Das ist gewissermaßen histo-risches Wissen, denn das ICONY-Netzwerk ist aus Commu-nity-Angeboten aus der Internet-Frühzeit im vorigen Jahr-tausend entstanden. Eine Spur davon hat sich gehalten: Die ICONY-Seiten gehören zu den wenigen Angeboten, die neben der Suche nach Mann oder Frau auch die nach »jemandem« ermöglichen.

Gezielter die Brücke zum »wirklichen« Leben schlagen Freizeitpartner-Seiten, auf denen zwar meist auch die Suche nach der großen Liebe möglich ist, aber eben nicht nur. Zu den größeren Angeboten gehören unter vielen anderen FRIENDSEEK.COM, FREIZEITPARTNERBOERSE.COM, FREIZEITPARTNERWEB.DE oder SPONTACTS.COM. Das bis auf einige wenige Features kostenlose Portal FRIENDSEEK erlaubt etwa, beschränkt auf bis zu fünf Kontaktanfragen täglich, die Suche in den Kategorien »Freizeit«, »Sport«, »Reisen«, »Tanz«, »Liebe« und »Flirt«. Wie bei den herkömmlichen Singlebörsen sind derartige Seiten recht mitgliederstark, aber eher allgemein, was die Interessen der User betrifft. Wenn Sie gezielter suchen wollen: Wichtigstes Stichwort für das Googeln einschlägiger Angebote ist »Freizeitpartner«, dazu gebe man eine passende Spezifizierung je nach Gusto ein: Tango, Tennis, Tralala, Freundschaft, Fahrrad, Segeltörn ...

Sollte das Resultat nicht zufriedenstellend sein, versuchen Sie es doch mit der Mutter aller Gruppenseiten: GROOPS.NET (mit zwei »o«). Egal ob »New in Town«, Kino- oder Theatergeher, Bowling-Aficionada, Sangeskundige, Tanzwütige, Golfer oder Heurigenhocker, in Hunderten von Gruppen können sich Gleichgesinnte verabreden und einander beim freizeitlich Aktiv-Sein entspannt näherkommen. Ein überzeugend organischer Zugang und zumindest ein guter Impulsgeber, um sich aus seiner Höhle und auf die Piste zu wagen.

Und sogar, wenn sich partout kein Angebot für das gegenseitige Füttern mit veganem Fleischersatz oder das freiwillige Sich-von-Mücken-stechen-Lassen zum Wohle der Singvögelpopulation auftun lässt, hilft Ihnen GROOPS: Nicht vorhandene Interessengemeinschaften kann man einfach selbst gründen. Ob das Unterfangen von Erfolg gekrönt ist, hängt nicht zuletzt davon ab, wie speziell Sie es anlegen; grundsätzlich gilt der Topf-und-Deckel-Spruch aber unbedingt, denn bei demnächst acht Milliarden menschlichen

Erdbewohnern ist es beinahe mathematische Gewissheit, dass es nichts gibt, was es nicht gibt. Wenn das kein tröstlicher Gedanke ist!

Der Limousinenservice

Wir haben Ihnen eingangs bei der Vorstellung der gesamten Bandbreite an Dating-Services auch den Limousinenservice mit Chauffeur versprochen. Nun denn: Sollten Sie sich nach diesem hoffentlich nicht zu erschöpfenden Überblick restlos mit der Wahl der für Sie passenden Börse überfordert fühlen, verzagen Sie nicht. Zum einen liegt ja noch eine Menge Buch vor Ihnen, nach dessen Lektüre Sie bereit für den Singlebörsen-Führerschein sein sollten. Zum anderen könnten Sie sich auch dafür entscheiden, professionelle Hilfe in Anspruch zu nehmen:»Chauffeure« sind natürlich nicht ganz billig und auch keine Garantie, dass Sie sicher an Ihr Ziel gelangen. Aber Sie können sich deren Angebote ja zumindest einmal ansehen, z. B. auf DIE-SINGLEBERATER.DE. Eine der dort gelisteten Singleberaterinnen ist Eva Fischer, die sich über ihre Website DIELIEBESFISCHER.COM ganz auf den möglichst effizienten Einsatz von Partnerbörsen spezialisiert hat – bis hin zum»Kontaktaufbau«, für den die Firma in Ihrem Namen potenziell interessante Singles anschreibt. Auf die Frage, ob denn dieser marktforschende Ansatz, das systematische»Abfischen« von Partnerbörsen, der Online-Romantik nicht den letzten Rest von Magie nehme, sagt sie:»Ich sehe mich eigentlich als Bewahrerin der Romantik, indem ich die unangenehme Arbeit übernehme, wie z.B. reihenweise Leute anschreiben. Das interessiert ja niemanden; meine Kunden schauen sich die Nachrichteneingänge an und fühlen sich umworben. Die Absagen bekommen sie nicht mit, weil ich die vorher gelöscht habe.«

Wer lieber selbst am Steuer sitzt, auch wenn endlos gleichförmige Autobahnkilometer zu fressen sind, wird derlei Outsourcing vermutlich weniger abgewinnen können. Aber getreu Eva Fischers Einstellung –»Ich bin immer offen, mich vom Leben belehren zu lassen, dass es doch auch anders geht.« – ist es unsere Autorenpflicht, Sie auf möglichst vieles von dem hinzuweisen, was da so umgeht. Alles ist definitiv unmöglich, zumal Internet-Angebote auch einem permanenten Wandel unterworfen sind. Noch einmal Eva Fischer: »Es ist wichtig, dass man dort ist, wo die anderen Singles auch gerade sind.« Ihre Tipps zum Zeitpunkt des Interviews: WIENERSINGLES.AT (bzw. MUENCHNERSINGLES.DE usw., ein Regionalkonzept) sowie die eben vorgestellte Mischung aus Freizeitpartner- und Partnerbörse FRIENDSEEK.COM.

Ein weiteres Online-Offline-Dating-Service bietet die Seite WAHRELIEBE.JETZT bzw. deren Betreiberin Gabriele Strasky. Anders als Eva Fischer setzt sie in erster Linie auf Information: Coachings, Seminare, Vorträge und Lektüre wie »7 Fehler beim Verlieben – und wie man sie vermeidet«. Strasky kommt aus der Partnervermittlung und hat unzählige und auch eigene (schlechte) Erfahrungen zu ihrem Liebesfinde-System verdichtet. Darin spielt Online-Dating natürlich eine wesentliche Rolle, zumal sie bereits zu Zeiten für eine US-Partnerbörse gearbeitet hat, als die Menschen ihre Profilfotos noch per Post einschickten, um sie von der Partnerplattform einscannen und online stellen zu lassen. Ihre Überzeugung in einem Satz: »Know-how hilft, die richtige Person zu finden, damit Sie den idealen Partner nicht übersehen.«

Denn: Eros ist überall, Liebe überwindet alle Schranken und was dergleichen mehr an hoffnungslos romantischen Stehsätzen kursiert – es ist alles wahr. Auch wahr ist allerdings: Hilf dir selbst, dann hilft dir die Partnerbörse. Bewahren Sie sich die nötige Offenheit für den glücklichen Zufall und gehen Sie ansonsten wie folgt vor: Brust heraus,

Schultern lockern und neugierig sein auf das, was auf Sie zukommt.

Bevor wir Sie jetzt ins nächste Kapitel verabschieden, noch eine berührende Geschichte von Peter, 51, aus Wiener Neustadt: *Meine Frau starb Ende 2009 an Krebs und ich stand mit unseren drei halbwüchsigen Söhnen allein da. Wir waren eine sehr gläubige Familie, und ich begann schon wenige Monate später auf der Plattform* KATHTREFF *mit meiner Partnersuche. Ich hatte große Sorge, dass ich als Witwer mit drei Kindern bei Frauen nicht gut ankommen könnte. Die erste Nachricht an eine Frau musste ich mir von einem meiner Söhne diktieren lassen, so unsicher war ich. Die Antwort kam erst nach zwei Wochen. Wir schrieben einander, telefonierten, kamen uns dabei (besonders über unseren Glauben) sehr nahe, und dann trafen wir uns auf einem Parkplatz für eine gemeinsame Wanderung. Die Angst bei dieser ersten Begegnung war für jeden von uns so groß, dass wir am liebsten gleich wieder in unsere Autos gestiegen wären. Martina hatte schon drei ernüchternde Jahre* KATHTREFF-*Erfahrung hinter sich, stand wenige Tage vor dem Ende ihrer Mitgliedschaft und traute sich einen Mann mit drei Kindern eigentlich nicht zu. Aber es lief hervorragend und wir vereinbarten gleich ein gemeinsames Wochenende. Und dort war dann plötzlich alles klar für uns. Wir entschieden uns zu heiraten. Bei der zweiten Begegnung! Das taten wir dann im Juni 2011. Mittlerweile haben wir auch eine kleine Tochter. Und ich weiß, dass meine neue Ehe den Segen meiner verstorbenen Frau hat.* Das Besondere an dieser Geschichte ist, dass Peter und Martina tatsächlich so heißen und auch zur Verfügung stünden, wenn jemand mehr darüber wissen möchte, wie sie zueinander gefunden haben. Wir dürfen den Kontakt herstellen.

KAPITEL 2

Ups – noch ein Jahr?

Haben Sie sich erst einmal entschlossen, eine bezahlte (Premium-)Mitgliedschaft einzugehen, ist es allerhöchste Zeit, sich mit den Geschäftsbedingungen auseinanderzusetzen. Denn Schlagworte wie »automatische Vertragsverlängerung«, »Kündigungsfristen« oder »Wertersatz« sind zwar in aller Munde – aber was genau ist mit all dem gemeint und worauf sollten Sie achten, um nicht auf unerwünschten Bindungen und/oder Kosten sitzen zu bleiben? Der folgende Abschnitt klärt Sie darüber auf.

Ein Monat, drei Monate, ein halbes Jahr, ein ganzes Jahr, zwei Jahre – was immer auf dem Paket steht, für das Sie sich möglichst bald einmal entscheiden sollen (wenn es nach den Anbietern geht): Es ist nicht das, was Sie kaufen.

Was Sie kaufen, ist ein Abonnement – zunächst für die von Ihnen gewählte Zeitspanne. Sollten Sie es aber verabsäumen, unter Wahrung der Fristen und in Befolgung der formalen Vorschriften das Paket zu kündigen, verlängert es sich automatisch. Bei allen Anbietern, die Ihnen Teilnahme auf Zeit verkaufen. Die Abo-Seuche greift allgemein um sich, Sie sollen heutzutage nicht mehr zehn Euro spenden, sondern einem Spenden-Dauerauftrag zustimmen und die Summe monatlich überweisen. Komplexe Software wird nicht mehr gekauft, sondern gemietet – per Abo-Vertrag. Es gibt sogar Socken im Abo. Die Idee dahinter ist immer dieselbe: Kundenbindung, aber richtig. Nicht emotional, durch überzeugendes Service und allweihnachtliche Aufmerksamkeit, sondern in Form der Zwangsjacke. Und kaum ein Bereich hat sich so begierig auf das Abo-Verhökern gestürzt wie die kostenpflichtigen Dating-Services.

Es ist in diesem Zusammenhang aufschlussreich, sich der überschaubaren Erregung von Allgemeinen Geschäftsbedingungen (AGB) zuzuwenden. Ist aber nicht so schlimm, wie es klingt – in aller Regel gibt es Paragrafen mit Überschriften, und die Bezeichnung, die uns im Moment interessiert, lautet: »Kündigungsrechte« (oder -bestimmungen o.Ä. oder »Vertragsverlängerung und Beendigung« udgl.)

Der entscheidende Punkt könnte sich z.b. so lesen:

Hinsichtlich sämtlicher unentgeltlicher Services von *(Name des Dating-Services, im Weiteren kurz DS)* haben sowohl der Nutzer als auch DS das Recht, das Nutzungsverhältnis jederzeit mit einer Frist von zwei Wochen zu kündigen. Das gleiche Recht hat DS auch hinsichtlich entgeltlicher Services. In einem solchen Fall wird dem Nutzer die zu viel geleistete Vergütung zurückerstattet.

Haben Sie es bemerkt? Das mit entgeltlich und unentgeltlich? Sie und DS haben das Recht, unentgeltliche Services jederzeit zu kündigen. Aber nur DS hat das Recht, entgeltliche Services jederzeit zu kündigen. Heißt im Klartext: Sobald Sie gezahlt haben, können Sie den Vertrag nicht mehr beenden. Theoretisch nie mehr. (Ja, das hätten sie gern.) Es sei denn, Sie beachten Ihre Ausstiegsmöglichkeiten:

Mit Kauf der entgeltpflichtigen Mitgliedschaft erhalten Sie in unserer Bestellbestätigung via E-Mail zusätzlich Informationen über die ordentliche Kündigungsfrist. Die Kündigung hat zu ihrer Wirksamkeit durch ausdrückliche Erklärung in Textform (wie z.B. Brief oder Fax[5]) zu erfolgen ... Erfolgt durch den Kunden keine Kündigung unter Einhaltung der ordentlichen Kündigungsfrist, verlängert sich der Vertrag über die entgeltpflichtige Mitgliedschaft automatisch nach Maßgabe der produktbezogenen Vertragsinhalte,[6] welche Sie innerhalb des Bestellvorgangs akzeptiert haben.

Okay, Sie sind durch, fürs Erste. Zwei Dinge wollten wir Ihnen damit dringlichst ans Herz legen und so nah wie möglich bringen – und eine Schlussfolgerung:

1. Vertragstexte haben das Verschleiern der eigentlichen Absichten zur Kunstform erhoben und sind das Gegenteil von Klartext; dessen Ziel wäre es, die tatsächliche Bedeutung des Gesagten oder Geschriebenen möglichst unmissverständlich zu kommunizieren. (Das ist das, was Ihre Autoren wollen.)

2. Hatten wir schon, aber hier noch einmal für alle Fälle: Wenn Sie mit einem *Dating-Service* einen *Vertrag auf Zeit*[7] abschließen, *kaufen Sie* ein *Abonnement* – ganz egal, wie wenig deutlich das in den AGBs gemacht wird. Ganz egal, für welches Dating-Service Sie sich entscheiden.

Die Schlussfolgerung daraus: Wenn Sie mit einem *Dating-Service* einen *Vertrag auf Zeit* abschließen, *kündigen Sie* diesen *sobald wie möglich nach Abschluss*. Registrieren Sie sorgfältig die E-Mail, die Sie als Bestellbestätigung erhalten. Darin *sollten* Sie alle nötigen Angaben zur Kündigung vorfinden: Kontaktmöglichkeit, vorzugsweise eine E-Mail-Adresse, und Kündigungsfrist sowie die erforderlichen Angaben zur Identifizierung, also die E-Mail-Adresse, mit der Sie sich angemeldet haben, Ihre Chiffre oder Kundennummer oder Ähnliches und vielleicht Ihr Passwort. Da Sie das in diesem Moment alles hübsch an einem Ort und bei der Hand haben *sollten,* empfiehlt es sich, die Kündigungs-E-Mail auf der Stelle aufzusetzen. Da uns berichtet wurde, dass es fallweise zu Problemen führen kann, wenn die Kündigung womöglich vor der Willkommensnachricht eintrifft, gehen Sie auf Nummer sicher und schicken Sie Ihre Kündigung nicht ab, sondern speichern Sie sie als Entwurf. Auf die Art können Sie sie nicht vergessen, Ihr E-Mail-Programm wird diesen Entwurf hervorheben. Warten Sie 24 oder 48 Stunden und klicken Sie dann auf Senden. Erledigt.[8]

Tarnen und Täuschen und ein fälliger Gerichtsentscheid

Im vorigen Absatz haben Sie zweimal das Wörtchen *sollten* in Kursivschrift vorgefunden. Denn die verbale Verschleierungstaktik mittels verklausulierter AGB (Allgemeine Geschäftsbedingungen) ist die eine Sache, die Handhabung der selbsterstellten Vorschriften die andere. Seit 18. September 2017 haben wir es nun endlich amtlich und ausjudiziert, zumindest in Österreich: Tarnen und Täuschen gilt nicht, wurde in letzter Instanz in einer Klage gegen eine der bekanntesten und größten Singlebörsen entschieden. »Der Oberste Gerichtshof (OGH) bestätigt das vom Verein für Konsumenteninformation (VKI) – im Auftrag des Sozialministeriums – erstrittene Urteil gegen die PE Digital GmbH: Ein nichtssagendes E-Mail mit einem Link, dem weitere Informationen entnommen werden könnten, stellt keinen ausreichenden Hinweis auf den Ablauf der Kündigungsfrist und die automatische Vertragsverlängerung dar. Der OGH hat die außerordentliche Revision der PE Digital GmbH zurückgewiesen. Das Urteil ist damit rechtskräftig.« In der Aussendung der Austria Presse Agentur (APA) heißt es weiter: »Damit es zu einer automatischen Vertragsverlängerung kommen kann, verlangt das Konsumentenschutzgesetz zuvor einen ›besonderen‹ Hinweis auf den bevorstehenden Ablauf der Kündigungsfrist und auf die ohne Kündigung eintretende automatische Vertragsverlängerung. Das von der beklagten Singlebörse »zu diesem Zweck versandte E-Mail enthält weder im Betreff (›Nachricht zu Ihrem Profil‹) noch im Text einen Hinweis auf diese Folgen. Erst wenn man dem im E-Mail enthaltenen Link folgt, der auf die Startseite der beklagten Singlebörse »führt, wo man sich zunächst einloggen muss, kann die eigentliche Informationen [sic(!)] zur automatischen Vertragsverlängerung abgerufen werden. Das ist nicht ausreichend, urteilten bereits die Vorinstanzen. Die gesetzlich vorgesehene Warnfunktion kann die Nachricht nur dann erfüllen, wenn sie die Aufmerksamkeit des Adressaten erregt. Dafür sind eine aussagekräftige Betreffzeile und eine Information im Text des E-Mails erforderlich.«[9]

Im VKI freute man sich schon beim erstinstanzlichen Urteil darüber, dass dieser Praxis eine klare Absage erteilt wurde: »Wer einen Hinweis auf den drohenden Ablauf der Kündigungsfrist derart versteckt erteilt, spekuliert geradezu darauf, dass dieser übersehen wird, damit es zu einer automatischen Vertragsverlängerung kommt«, erklärte im März 2017 Laura Ruschitzka.

Um nicht missverstanden zu werden: Die Leistungen, die große Anbieter wie PARSHIP, ELITEPARTNER, EDARLING & Co anbieten, sind hochprofessionell, und dass gerade eines der renommiertesten Dating-Services im Zusammenhang mit Kündigungsbestimmungen und Wertersatz – dazu kommen wir gleich – immer wieder in der Kritik steht, hat nur zu einem Teil mit dem Gebaren des Unternehmens zu tun, zu einem nicht geringeren schlicht damit, dass die bekanntesten Anbieter naturgemäß auch die »Leuchttürme sind, die ich werbemäßig immer wahrnehme«, wie es einer unserer Interviewpartner, Manfred aus Österreich, so schön ausgedrückt hat. Sie stellen sich in die Auslage, sie stehen in der Auslage, sie lukrieren den Löwenanteil der im Online-Dating-Business erwirtschafteten Umsätze und haben ein Millionenpublikum, beanspruchen gefühlte 70 Prozent der öffentlichen Aufmerksamkeit für sich und sind dementsprechend auch Nummer-eins-Angriffsfläche für Kritik seitens der Konsumenten – zumal sie ihr Status nach Meinung Ihrer Autoren verpflichten würde, auch im Hinblick auf ihre Geschäftspraktiken ein Leuchtturm der Branche zu sein. Die Einzigen sind sie mit diesem Verhalten freilich ganz und gar nicht, viel eher der Regelfall.

Was bedeutet das obige Urteil nun aber konkret? Dazu noch ein Zitat aus der Aussendung: »Betroffene, die den Ablauf der Kündigungsfrist wegen der undeutlichen Erinnerungs-E-Mail übersehen haben, können die Rückerstattung des verrechneten Entgelts verlangen, *wenn sie die Dienste der beklagten Singlebörse nach der Vertragsverlängerung nicht mehr in Anspruch genommen haben.*« Sollte dies nicht der Fall sein, sollten Sie also die Dienste des beklagten Dating-Services im Verlängerungszeitraum weiter genutzt haben, kann der Betreiber ein anteiliges Entgelt fordern. Womit wir beim Thema Wertersatz wären.

WWW: Warnung vor Widerruf und Wertersatz

Man kann das Leid des Versandhandels schon irgendwo nachvollziehen. Das 14-tägige Widerrufsrecht, eine wirklich konsumentenfreundliche Bestimmung, hat sehr dazu beigetragen, dass viele schon von vorneherein gar nicht daran denken, mehr als jedes vierte bestellte Stück auch zu behalten. Angeblich funktionieren manche gleich das Postamt zur Umkleidekabine um ... Wie auch immer: Bei Inanspruchnahme einer rein digitalen Dienstleistung sieht es natürlich ganz anders aus, da das Versenden von greifbaren Dingen entfällt. Würde man meinen. Aber – Verzeihung, nur noch dieses eine Mal, versprochen – schauen wir doch einfach nach, was so in AGB unter Widerrufsrecht zu lesen ist:

> Wenn Sie diesen Vertrag widerrufen, haben wir Ihnen alle Zahlungen, die wir von Ihnen erhalten haben ... unverzüglich und spätestens binnen vierzehn Tagen ab dem Tag zurückzuzahlen, an dem die Mitteilung über Ihren Widerruf dieses Vertrags bei uns eingegangen ist. ... in keinem Fall werden Ihnen wegen dieser Rückzahlung Entgelte berechnet.

So weit, so gut. Jetzt kommt es:

> Haben Sie verlangt, dass wir mit der Ausführung der Dienstleistungen während der Widerrufsfrist beginnen sollen, so haben Sie uns einen angemessenen Betrag zu zahlen, der dem Anteil der bis zu dem Zeitpunkt, zu dem Sie uns von der Ausübung des Widerrufsrechts hinsichtlich dieses Vertrags unterrichten, bereits erbrachten Dienstleistungen im Vergleich zum Gesamtumfang der im Vertrag vorgesehenen Dienstleistungen entspricht.

Gutwillige Gemüter – und es gibt durchaus auch Dating-Services, die das so handhaben, z.b. Icony – würden das so auslegen: Angenommen, Sie haben sich für einen Monat eingeschrieben, nutzen zehn Tage lang den Dienst und brauchen ihn danach nicht mehr, dann zahlen Sie für die zehn Tage anteilsmäßig. Das wäre absolut in Ordnung, vergleichbar mit einem Zeitungsabo, das Sie nach kurzer Zeit kündigen, aber natürlich für die bereits erhaltenen Ausgaben bezahlen.

Die hier vorrangig in der Kritik stehende große Singlebörse freilich sieht das gänzlich anders und berechnet die »erbrachten Dienstleistungen« nicht nach Zeit, sondern nach vermittelten »Kontakten«. Ein Kontakt in diesem Sinn ist ein einfacher Mailwechsel: Franziska schreibt an Engelbert, der sendet eine Antwortnachricht. Schon wird für beide ein Kontakt vermerkt. Dass Ihnen das mithilfe der fraglichen Singlebörse gelingt, wird Ihnen garantiert – und zwar konkret fünfmal in sechs Monaten bzw. 15-mal in einem Jahr. Eine extrem niedrig gelegte Latte, die im Falle eines Vertrags-Widerrufs dem Unternehmen sehr zupass kommt. Denn haben Sie sich wie die Allermeisten unmittelbar nach Beginn Ihrer Bezahl-Mitgliedschaft sofort in Aktivität gestürzt, dürfen Sie rein statistisch mit ein bis zwei Antworten pro zehn ordentlichen Anfragen rechnen (womit mehr als ein Emoji-Winke-Winke gemeint ist, siehe ab Seite 137 »Loveletters«). Und ein, zwei Anfragen werden Sie auch als Mann bekommen, die Sie natürlich schon aus Höflichkeit beantworten. Damit haben Sie am Ende der Woche locker die Kontaktgarantie für ein halbes Jahr erfüllt.

Sollten Sie jetzt denken: Ich habe sieben potenzielle Matches an der Angel, um die kümmere ich mich jetzt die nächsten vier Monate intensiv – kein schlechter Gedanke. Aber kommen Sie bitte nicht auf die Idee, deshalb Ihre Bezahl-Mitgliedschaft zu widerrufen. Denn dann würde Ihnen für die »erbrachten Dienstleistungen«, die sogenannten Kontakte, Wertersatz bis zur Höhe von 75 Prozent der Gesamtkosten berechnet.

Die Verbraucherzentrale Hamburg brachte gegen diese Praxis Klage vor dem Landgericht ein. Hauptargument: Das Widerrufsrecht verliere seinen Sinn, wenn der Verbraucher trotz geltend gemachten Widerrufs bei einem Vertrag bis zu 75 Prozent des Gesamtpreises zahlen müsse. In erster Instanz wurde ihr Recht gegeben, im März 2017 hob das Oberlandesgericht Hamburg das Urteil allerdings – gezwungenermaßen – wieder auf, obwohl es die Ansicht des Landgerichts teilte, dass die Berechnung des Wertersatzes nur nach Kontakten falsch sei. Ein Detail in der Klageschrift der Verbraucherzentrale führte jedoch aus formalrechtlichen Gründen zur Aufhebung[10]. Man mag also darüber denken wie man will: Die beklagte Singlebörse ist im Recht. Betrachten Sie, geschätzte Leserinnen und Leser, sich als offiziell gewarnt: Nehmen Sie das gesetzlich vorgeschriebene Widerrufsrecht nur in Anspruch, wenn Sie sich zuvor versichert haben, dass kein Wertersatz im beschriebenen Sinn verrechnet werden wird. Am einfachsten geht das durch Eingabe von »Name der Singlebörse« und dem Stichwort »Wertersatz« in einer Internet-Suchmaschine.

Vom Kündigen und vom Löschen

Zum Abschluss unserer Exkursion in die Niederungen der allgemeinen Geschäftsbedingungen noch die Erklärung, warum auf allen Plattformen eine nicht unwesentliche Menge an Karteileichen herumlungert mit dem einzigen Zweck, mit soundso vielen Millionen Singles protzen zu können. Na gut, das ist nicht der einzige Zweck: Man möchte auch einen möglichst großen Pool haben, um Ihnen Partnervorschläge machen zu können.

Die Erklärung ist einfach: In aller Regel beenden Sie eine unentgeltliche Mitgliedschaft, indem Sie Ihr Profil *löschen*. Over and out. Haben Sie jedoch einmal gezahlt, müssen Sie diese Premium-Mitgliedschaft *kündigen* – und werden automatisch zum Gratis-Mitglied zurückgestuft. Bis Sie auch noch Schritt eins erledigen und Ihr Profil löschen, bleiben Sie im Pool.

Mit das wichtigste Suchkriterium ist daher die Einstufung nach Online-Aktivität. Wie genau welche Plattform diese Aktivität bewertet, gehört zu den besser gehüteten Betriebsgeheimnissen, aber Sie dürfen davon ausgehen, dass nach aller Möglichkeit das Dating-Service in ein maximal günstiges Licht gerückt wird. Heißt in diesem Fall: Legionen von daueraktiven Usern. Tatsächlich sollten Sie damit rechnen, dass ein User, der in der Größenordnung zwei von fünf Aktivitätspunkten liegt, sich bereits ein halbes Jahr oder länger nicht mehr hat blicken lassen. (Konkret wird so bei ICONY und allen von ICONY betriebenen Plattformen eingestuft, sinngemäß und grob geschätzt gilt dies aber generell.)

Bei den vielen Einpunktern in dieser Aktivitätsskala rechnen Sie besser mit keiner Reaktion – dabei dürfte es sich um besagte Karteileichen handeln. Deren enorme Zahl abgesehen von simplem Vergessen seitens der User auch sehr von der einschlägigen Geschäftspraxis beeinflusst wird. Das Löschen der Profile wird nämlich sehr unterschiedlich gehandhabt, obwohl die Rechtsgrundlage *eigentlich* eindeutig ist: § 35 Bundesdatenschutzgesetz regelt in Deutschland, dass Daten zu löschen sind, wenn diese für den Seitenbetreiber nicht mehr erforderlich sind. Im § 27 des österreichischen Datenschutzgesetzes findet sich der Passus:»Sobald Daten für den Zweck der Datenanwendung nicht mehr benötigt werden, gelten sie als unzulässig verarbeitete Daten und sind zu löschen ...« Art. 17 der EU-Datenschutzgrundverordnung, nach der sich auch die Schweiz richtet, regelt das »Recht auf Löschung (Recht ›auf Vergessenwerden‹)«.

Alle diese Bestimmungen laufen sinngemäß auf dasselbe hinaus: Wenn ich einen Account nicht mehr benötige und schließe, werden auch die damit verbundenen Daten nicht mehr benötigt und sind ergo zu löschen. Viele erfüllen diese Vorgaben ordnungsgemäß: Bei PARSHIP etwa findet man sehr einfach in den Kontoeinstellungen den Punkt »Profildaten löschen«, der Klick darauf ist lediglich mit dem Passwort zu bestätigen. Man wird darauf hingewiesen, dass noch weitere 24 Stunden Nachrichteneingänge möglich sind, ansonsten wird der Löschvorgang nicht weiter kommentiert oder bestätigt. Ideal handhabt es SECRET.AT, der Casual-Dating-Ableger von LOVESCOUT24. Man klickt dort in den Kontoeinstellungen auf den unübersehbaren Link »Mein Profil unwiderruflich löschen« und fertig. Sekunden später bestätigt eine E-Mail den Löschvorgang. Ein Negativbeispiel bietet ZOOSK. Beim Versuch, einen unbezahlten Account auf dieser Plattform zu löschen, verfängt man sich (zum Zeitpunkt der Manuskripterstellung) in einer Endlosspirale:

1. Wir finden im eigenen Profil-Reiter den Menüpunkt »Kontoeinstellungen«.

2. Der »Kontostatus« lautet auf »aktiv«, daneben findet sich der Button »Bearbeiten«.

3. Mausklick auf »Bearbeiten« bietet die Möglichkeiten »Auszeit nehmen« und »Konto deaktivieren«.

4. Wir entscheiden uns für Letzteres, was eine neue Seite öffnet: »Machst du mit uns Schluss? Überlege es dir – nach der Deaktivierung kannst du nicht mehr ... Antworten auf frühere Nachrichten erhalten/Deine Kontakte aufrufen oder ansprechen/Auf dein Profil zugreifen«. Gut, nicht so schlimm, bis auf den Profilzugriff konnte man das als Gratis-User auch bisher nicht ...

5. Wir klicken also nicht auf die blitzblau leuchtende Schaltfläche »Weitersuchen!«, sondern bestätigen das graue »Deaktivieren«.

6. Wieder öffnet sich eine neue Seite: »Schade, dass du uns verlässt. Was ist der Grund?« Jeder Klick auf eine der Antwortrubriken öffnet eine Schaltfläche »Auf Zoosk bleiben« – neben der ein weiterer, allerdings nicht anklickbarer Button in verschämtem Blassgrau zu sehen ist mit der kryptischen Aufschrift »Deaktivierung verlängern«. Noch einmal werden alle Register gezogen: »Auszeit nehmen« wird erneut angeboten, »neue Mitglieder in deiner Gegend« zur Schau gestellt.

Vergeblich suchen wir irgendetwas in Richtung: Danke und auf Nimmerwiedersehen, Mitgliedschaft jetzt definitiv und endgültig beenden. Es ist nur möglich, die Seite zu schließen. Das aber löscht den Account nicht: Als wäre nichts gewesen, werden weiterhin E-Mails zugestellt, man kann sich jederzeit wieder einloggen.

Die Erkenntnis dämmert: Es ist de facto nicht möglich, ein einmal bestehendes ZOOSK-Profil wieder zu löschen. Man kann lediglich eine zeitlich unbegrenzte Auszeit nehmen (»Auszeit nehmen bis zu meiner Rückkehr«), sämtliche Profildaten bleiben dabei aber erhalten. Um zumindest vor der weiteren permanenten E-Mail-Belästigung durch ZOOSK sicher zu sein, ist diese Option aber besser als »nur« zu deaktivieren, denn dies wird »nicht einmal ignoriert«, wie im Wienerischen für vollkommenes Nichtbeachten gesagt wird.

Geholfen hat letztlich eine einfache Nachricht an *support@zoosk.com*:

Guten Tag!
Der Account xxx mit dem Passwort xxx wird
von mir nicht mehr benötigt und wurde daher
deaktiviert. Ich ersuche nunmehr um Lö-

schung sämtlicher mit diesem Account verbundenen personenbezogenen Daten gemäß bestehender Datenschutzrichtlinien.
Mit freundlichen Grüßen

Knapp 30 Stunden später war der Account Geschichte.
Warum nicht gleich so?

Die Handhabung des Löschens von Accounts stellt eine
Art Charaktertest für Singlebörsen dar. Die Gefahr, zur
Kasse gebeten zu werden, besteht nicht, und auch sonst
ist das Ganze nicht mehr als ein Ärgernis. Angesichts des
enorm vielfältigen Angebots könnten (sollten?) freilich Sym-
pathiepunkte für die Wahl »Ihrer« Singlebörse mitentschei-
dend sein. Schließlich geht es auch sehr um Vertrauen und
Ehrlichkeit; diese Fundamente erfolgreicher Beziehungen
sollten idealerweise auch Ihr Verhältnis zu Ihrer Partnerbörse prägen.

Ideal ist freilich selten etwas im Leben; mehr dazu im
nächsten Kapitel, „Von Jägern und Gejagten" auf Seite 59.

KAPITEL 3

Von Jägern und Gejagten

Anne, 39, Bonn
Ich finde, absolute Ehrlichkeit ist oberstes Gebot bei der Partnersuche. Egal ob ich im Fitnessclub jemanden kennenlerne oder auf einer Online-Partnerplattform. In meinen Profilangaben findet sich nicht die kleinste Schummelei. Beim ersten Treffen sage ich den Männern auch ganz klar, dass ich in jedem Fall wieder heiraten will. Das führt komischerweise dazu, dass kaum ein Mann sich nach dem ersten Treffen wieder bei mir meldet.

Das was Anne beschreibt, ist zwar ehrenwert, dem Ergebnis nach aber doch der klassische Schuss ins eigene Knie.

Bei der Partnersuche muss der schmale, diplomatische Grat gefunden werden, der Ehrlichkeit und Selbstbeschädigung auseinanderhält. Anne gelingt das nicht – und das hat zwei Gründe.

Zum einen geht es um die Selbstdarstellung, womit wir uns aber ausführlich im nächsten Kapitel beschäftigen. Zum anderen, und damit sind wir mitten im Geschehen, um die Erwartungen. In Annes Fall sind diese maximal hochgeschraubt – Traumprinz allein ist noch zu wenig, es muss auf jeden Fall geheiratet werden. Das ist schon für sich ein Problem; dass sie damit auch noch mit der Tür ins Haus fällt, beim ersten (!) Date, treibt den willigsten Kandidaten in die Flucht. Auf den männlichen Part dieser geschriebenen Doppelconference wirkt das so, als würde mit lebenslangem Hausarrest gedroht, bevor feststeht, ob Mann das Haus überhaupt betreten will.

Die Sache mit den Erwartungen ist ein Dilemma: Einerseits wird einem angeraten, möglichst genau zu bestimmen, wie der Partner, die Partnerin in spe beschaffen sein soll. Im Marketingbereich spräche man von Zielgruppendefinition. Macht auch durchaus Sinn: Das sprichwörtliche Verscherbeln von Kühlschränken an Eskimos mag zwar als verkäuferische Glanztat gelten, im Regelfall wird aber mehr herausschauen, wenn man sich an eine potenziell interessiertere Gruppe wendet. Man überlegt sich also, was man anzubieten hat, wer dafür Bedarf haben könnte und was genau diese Personen auszeichnet, um sie aus der riesigen anonymen Masse herausfiltern zu können.

Nun geht es an der Partnerbörse aber nicht um selbstreinigende Socken, Unterhaltungselektronik oder Hummerchips, es geht um Menschen. Auch in diesem Fall ist es unerlässlich, sich darüber klar zu werden, was man anzubieten hat. Damit endet die Vermarktung in der oben beschriebenen Form jedoch bereits wieder (an dieser Stelle sei auf das nächste Kapitel über die Profilerstellung verwiesen, »Das große Ich bin Ich«).

Die eigentliche Zielgruppendefinition ist hingegen reines Wunschdenken: Mein Partner soll Akademiker sein, mindestens 180 Zentimeter groß, allenfalls minimal übergewichtig, häuslich/sportlich/reiselustig, wohlsituiert, im Umkreis von 20 Kilometern von Unterpremstätten leben, Vegetarier, Nichtraucher und im besten Erwerbsalter. (Und einen Hipster-Vollbart haben; das ist kein trauriger Witz, sondern eines der derzeit wichtigsten Kriterien einer – wen wundert's? – ewig suchenden Bekannten.) Meine Partnerin soll mindestens 20 Jahre jünger sein, eine Kanone im Bett, schlank und rank und dabei vollbusig, in Sachen Intelligenz und Einkommen knapp unter mir selbst anzusiedeln, fantastisch kochen können, den Haushalt wie nebenbei erledigen und sich bloß nie beklagen, wenn man nach bierseligen Fußball-Männerabenden angesäuselt nach Hause kommt.

Nun, wünschen wird man ja noch dürfen, oder? Schon, aber seien Sie sich bewusst, dass Sie mit jedem Wunschkriterium mehr eine Menge Personen von vorneherein ausschließen, und zwar auf beiden Seiten. Damit ist gemeint: Wenn Sie nur eng genug suchen, wird sich selbst bei sechs Millionen Mitgliedern schnell niemand mehr finden. Das wird Ihnen immerhin sofort vom Computer präsentiert samt dem Hinweis, Sie sollten eventuell Ihre Suchkriterien ein wenig weiter fassen. Schwieriger ist die andere Seite, Sie nämlich: Wenn Sie Ihre Wünsche derart verinnerlicht haben, dass sie quasi zur fixen Idee geworden sind, wird es Ihnen so gehen wie Anne in der oben erzählten Anekdote: alles (bisher noch nicht) oder nichts (der von Anne als seltsam erlebte, aber absolut erwartbare Regelfall).

Männer haben es insofern ein wenig leichter, als dass der übergewichtige, 65-jährige Schnauzbartträger auf der Suche nach einer flotten Blondine unter 35 in aller Regel im Ansatz scheitern wird. Es wird sich, sofern er nicht überzeugend mit Millionen winkt, einfach keine melden oder gar mit ihm treffen, sodass es zum Alles-oder-nichts-Szenario erst gar nicht kommen kann. (Wir reden jetzt nicht von Osteuropabräute-Vermittlungsdiensten; dort würden sich nur flotte Blondinen unter 35 melden.) Irgendwann sollte es unserem Beispielmann dämmern, und auf dem Weg zur (Selbst-)Erkenntnis bleiben ihm viele frustrierende, desillusionierende Treffen erspart. Stattdessen muss er nur vor sich selbst klein beigeben und die Alterssuche auf unter 45-Jährige ausweiten ... und dann auf unter 55-Jährige ..., um dann endlich bei den Gleichaltrigen eine Reaktion zu erzielen. (Frühestens übrigens, da in diesem und höherem Alter viele Frauen auf der Suche nach etwas jüngeren Männern sind, quasi als Versicherung gegen deren niedrigere Lebenserwartung.)

Erwartungen führen mit hoher Verlässlichkeit zur Unzufriedenheit: Nur wenn diese übererfüllt werden, stellt sich das Gefühl von Erfolg ein. Nehmen wir ein Beispiel aus der Wirtschaft: Der Manager A der Firma »Wirsindgut« setzt seine eigene Erfolgslatte mit einem Umsatzplus von zwei Prozent an, jener des Multis »Wirsindbesser« mit drei Prozent. Am Ende des Jahres schafft »Wirsindgut« 2,2 Prozent, »Wirsindbesser« 2,8 Prozent. Manager A wird gefeiert, Manager B muss sich für das bessere Ergebnis jedoch rechtfertigen bis knapp vor dem Golden Handshake. Und hätte er tatsächlich die angekündigten drei Prozent erzielt, wäre es noch lange kein Erfolg gewesen, lediglich: Job erledigt wie erwartet.

Wünsche ja, Erwartungen nein

Die Kunst besteht mithin darin, die eigenen Wünsche zu kennen, diese aber nicht zu Erwartungen werden zu lassen. Bleiben Sie offen: Es geht auf der Singlebörse erst einmal nur darum, Kontakte zu knüpfen. Kommt es zu einem Date, setzen Sie am besten alles auf null: Ja, Sie haben das Profil studiert, das Foto nett gefunden, sich über Gemeinsamkeiten gefreut, die Stimme des Gegenübers am Telefon gemocht. Aber eigentlich wissen Sie gar nichts, bevor die Stunde der Wahrheit schlägt: die erste echte Begegnung, live und in der wirklichen Welt.

Alles, was davor geschah, erspart Ihnen jetzt, sich einen mehr oder minder originellen Anmachspruch aus der Nase ziehen und Ihre chronische Schüchternheit überwinden zu müssen. Sie dürfen sich ziemlich sicher sein, nicht sofort abgewiesen zu werden (sofern Sie eine erkennbare Ähnlichkeit mit Ihrem Profilfoto haben), und Sie haben ein paar Fakten abgespeichert, um ein Gespräch beginnen zu können. Und das war's dann auch schon wieder. Und wenn Ihrer beider

Matchingpunktezahl noch so maximal sein mag: Erwarten Sie sich kein Resultat, schon gar keines, das sich mit Ihren Wunschvorstellungen weitestgehend deckt. Nehmen Sie einfach, was da ist: Sie begegnen einem Menschen. Das ist so ziemlich das Spannendste, was sich denken lässt; Menschen sind derart komplexe Wesen, jeder ein Universum für sich, dass die Chance zu wahrer Selbsterkenntnis schon verschwindend gering ist. Davon, einen anderen wirklich zu kennen, in allen Tiefen und Untiefen, mit allen lichten und dunklen Seiten, kann einfach nicht die Rede sein. Diese erste echte Begegnung erlaubt Ihnen vielleicht einen kurzen Blick unter die Oberfläche, im Wesentlichen sind Ihre Instinkte und Bauchgefühle und unbewusste Pheromon- und Hormoncocktails am Wort.

Also: Eintauchen und spüren und mit ein bisschen Glück genießen ... und wenn es funkt, dann funkt es, und wenn Sie ins Reden kommen, dann kommen Sie ins Reden. Ihre Agenda (heiraten, Kinder kriegen, reich erben ..., die ganze To-do-Liste) hat hier und jetzt Pause. Der Moment ist am Zug.

Wenn wir davon ausgehen, dass Ihre Vorauswahl und Ihr briefliches und telefonisches Abtasten die gröbsten Missgriffe vorab aussortiert haben, sollte der Worst Case darin bestehen, eine Stunde des Lebens unter »Hätte ich mir sparen können« zu den Akten zu legen. In die andere Richtung ist hingegen alles möglich – und dazu gehört, dass Sie einen Freund, einen Tennis-/Tanz-/Golfpartner finden, endlich jemanden haben, der wie Sie auf Musicals steht, oder sich eine geschäftliche Beziehung ergibt. Und ja, auch Liebe auf den ersten Blick hat es schon gegeben und wird es wieder geben. Oder heiße Affären, die sich zu einer Beziehung weiterentwickeln – oder wie ein Strohfeuer verlöschen.

Josef, ein Kärntner in Wien, selbstständiger Buchhalter, 57 und mit One-Pack zwischen enorm und besorgniserregend ausgestattet, hat sich beim Online-Dating als ziemlich talentiert erwiesen, obwohl der Start völlig missglückte.

Die ersten Anfragen kamen von Journalisten und Tennislehrern, weil er versehentlich »Mann sucht Mann« eingegeben hatte. (Da hilft dann nur der komplette Neustart, Profil löschen und von vorn beginnen.) Dann ging er es aber mit Vehemenz an: *Ich bin eingestiegen Anfang September, mit einer Partnerin zusammengekommen Ende November, Anfang Dezember. Da hatte ich vorher ungefähr neun Dates. Im Schnitt hat mich das Ganze so eineinhalb Stunden am Tag gekostet, am Wochenende vielleicht mehr. Ich war schon ein wenig manisch, bin da voll reingekippt.*

Besonders spannend an dieser Stelle ist, was er über seine Erwartungen berichtet: *Die Frauen haben im Großen und Ganzen das, was sie da reingeschrieben haben, gehalten. Einige haben ein bisschen oder auch ziemlich eindeutig mit dem Alter geschummelt. Eine hat mir vorgespielt, dass sie noch arbeitet, obwohl sie nicht mehr gearbeitet hat. Ich hab das nicht als so schlimm empfunden. Ich hab da keine unmittelbare Täuschung erfahren. Die waren mir alle sehr sympathisch.*

Was nicht so zu verstehen ist, dass Josef mit jeder Einzelnen aufs Ganze gehen wollte: *Da war z.B. eine Architektin, der habe ich als erstes Date eine Runde mit der Straßenbahn, die den Ring entlangfährt, vorgeschlagen. Wir sind dann drei Runden gefahren, die hat sich gefreut wie ein kleines Kind. Dann sind wir erst ins Reden gekommen. Im Café hat sie mir erzählt, sie wolle eine betreute Wohngemeinschaft organisieren, wo man im Alter gemeinsam lebt. Ist sicher nicht schlecht, hab ich ihr gesagt, aber ich suche schon eine Frau, bei der ich mich noch verströmen kann. Also für eine Beziehung gab es da keinen Anknüpfungspunkt für mich, aber die ist eine Kundschaft geworden. Ich sag dir, wäre ich am Online-Dating drangeblieben, ich hätte wirklich gut akquirieren können. Drei Kundschaften habe ich gewonnen.*

Und dann auch eine Partnerin, für die er seinen Account

ruhend stellte, die sich aber nach einem dreiviertel Jahr als zu wenig überzeugt von einem Zusammensein erwies. Josef nahm die Suche wieder auf und kam wenig später mit einer Witwe im Burgenland zusammen, mit der er seither glücklich ist.

Ghosting: Auf einmal ist da niemand mehr

Happy End – nicht zuletzt, weil Josef klar ist: *Beziehungsmäßig fängt es ja erst nachher an*. Erwartungsmäßig fängt es freilich unter Umständen schon wesentlich früher an, etwa wenn Sie jemanden anschreiben und sich eine Antwort erwarten. Tun Sie es nicht: Die Responsrate liegt zwischen 10 und 20 Prozent, und für Sie persönlich kann das leicht bedeuten, dass Sie auf 20 Anschreiben nicht eine Antwort bekommen. Speziell, wenn Sie ein Mann sind, weil Sie dann zum aktiveren und häufig mehrheitlich vertretenen Geschlecht gehören und dementsprechend bei den Empfängerinnen mit weitaus größerer Konkurrenz zu kämpfen haben. Sie sind dann einfach ein statistischer Ausreißer nach unten, und noch nicht einmal ein besonders außergewöhnlicher. Nein, erwarten Sie sich nichts, versuchen Sie es unverzagt und hoffnungsvoll und freuen Sie sich einfach, sollte doch einmal etwas zurückkommen.

Freuen Sie sich aber nicht zu früh: Die alte Geschichte vom Mann, der noch eben Zigaretten kaufen geht und nie mehr gesehen ward, ist durch das Online-Dating aktueller denn je. Ghosting nennt man das Phänomen, wenn ein womöglich über längere Zeit bestehender Kontakt ohne Vorwarnung oder Erklärung abgebrochen wird und fortan nicht mehr existiert. Der verursachende Part reagiert auf keinerlei Kontaktversuche mehr, blockt, sperrt, lässt einen im Regen stehen – er wird aus der Sicht des Opfers zum Geist (engl. ghost). Klarerweise nagt das je nach Schwere des Falles teils erheblich am Selbstwertgefühl. Wenn das erste (oder gar das zweite, dritte, soundsovielte) Date mit glutvollen Blicken und innigen Umarmungen endet – oder Mann und Frau womöglich schon Tisch und Bett geteilt haben und Zukunftspläne geschmiedet –, man auseinandergeht in Sehnsucht, und dann ist da plötzlich nichts mehr – das schmerzt. Das ist eine Verletzung der übelsten Sorte, vergleichbar mit einem Phantomschmerz – denn das größte Problem mit der Verwundung ist ja, dass man ihrer Ursache nicht habhaft werden kann.

Der Schock kann ein Leben lang präsent bleiben. »In Beziehungen verändert hat sich auf jeden Fall, dass da so eine Grundangst ist, dass der Partner verschwinden könnte, ohne Bescheid zu sagen, dass der einfach weg ist wie aus dem Nichts ohne dass irgendjemand weiß, wo er ist,« berichtet ein Ghosting-Opfer.[13] Ihr erster Freund war zum Ghost geworden, das Interview fand 35 Jahre später statt. In derart gravierenden Fällen ist dieser Ratgeber die falsche Lektüre, es empfiehlt sich dann, sich psychologischer Betreuung zu versichern, um sich von dieser negativen Verankerung zu lösen und neue Schritte setzen zu können. Dating-Services haben durch die scheinbare Beliebigkeit und Unverbindlichkeit von Paarbeziehungen, die sie suggerieren, zu einem massiven Ansteigen der Häufigkeit von Ghosting geführt, insbesondere bei den unter 29-Jährigen. Bald jeder Siebente musste laut einer Umfrage in den USA Derartiges bereits erdulden, wurde Opfer von unfassbar feigen, sozial inkompetenten und verantwortungslosen ... (fügen Sie hier einen für Sie passenden Kraftausdruck ein; »Zorn ist nützlicher als Verzweiflung«, Terminator III).

Fassen wir den Begriff deutlich weiter und zählen wir Kontaktabbrüche hinzu, vor denen es zu nicht mehr als E-Mail-Austausch und Telefonaten gekommen ist, haben wir es sogar mit dem Normalfall zu tun: Nicht weniger als

90 Prozent der Personen, die sich schon auf Online-Partnerplattformen versucht haben, ist dies bereits mindestens einmal widerfahren.

Man könnte jetzt in einem Anflug von zynischem Positivismus sagen: Endlich etwas, das Sie sich wirklich erwarten dürfen. Das tun wir aber natürlich nicht ... Vielmehr soll dieser Abschnitt mit einer warnenden Empfehlung enden: Es weht ein rauer Wind im Dating-Universum. Das Tragen entsprechender »mentaler Schutzkleidung« wird angeraten.

Benching: Und ewig droht die Warteschleife

Leider geht es zunächst wenig erfreulich weiter: Auch das »Benching« (von engl. bench, Bank, im Sinne von Ersatzbank) ist alles andere als neu, aber durch die sehr viel einfacher gewordenen Kommunikationsmöglichkeiten wesentlich häufiger geworden. Es beschreibt die Situation, in der man am Gängelband der Hoffnung geführt wird. Das Subjekt der Begierde lässt einen nicht in seine bzw. ihre Nähe, aber jedes Mal, wenn man sich beinahe damit abgefunden hat, dass aus dieser Geschichte nichts wird, kommt eine smileyverzierte Nachricht, eine falsche Hoffnungen nährende SMS, eine Einladung zu einem Treffen, das dann in letzter Sekunde abgesagt wird.

Auch in vollanalogen Zeiten genossen es Menschen, sich andere warmzuhalten, Optionen offenzuhalten, die sich deutlich in ihre Richtung neigende Gefühlsschieflage bis zur Neige auszukosten. Heute ist es aber so viel einfacher geworden, jemandem Nähe und Interesse vorzugaukeln: Die sozialen Medien leben zu einem beträchtlichen Teil von der Illusion, eine Spielwiese für echte Beziehungen und Begegnungen zu sein. Und je mehr sich Beziehungsgeflechte in die Virtualität verabschieden, desto weniger finden sie in Wirklichkeit statt, desto mehr schwindet die Fähigkeit zu echter Kommunikation, desto bedeutungsvoller werden die kleinen Bildchen und Herzchen und gelblustigen Gesichtchen, die doch vor allem bequem sind und als vorgekaute Häppchen das Suchen nach dem passenden Ausdruck ersparen.

Menschen, die benchen, haben dabei meist keinerlei Schuldbewusstsein: Sie sind ja auch nicht der Esel, der hinter der Karotte trabt, immerzu sehnend und nie am Ziel. Womöglich glauben sie sogar, die Guten zu sein: Ein wenig Zuneigung ist doch besser als gar keine, oder? Tatsächlich drücken sie sich vor der Verantwortung, vor der konfrontierenden Aussprache, vor einer Entscheidung. Sie sind zu feig oder kommunikativ unfähig dazu. Dem Benching-Opfer wiederum fällt es unsagbar schwer, sich zu lösen, weil da ja immer etwas ist; alles bleibt immer irgendwie in Schwebe, so wenig ist eindeutig und klar. Dann erreichen sie ein Stadium, in denen ihnen zwar eigentlich bewusst ist, was mit ihnen angestellt wird, aber nachdem man nun bereits so viel investiert hat, so viele Wochen und Monate ... und vielleicht ja, eines Tages ... Irgendwann wirft dann doch der oder die Gegängelte das Handtuch und fühlt sich dabei auch so: gedemütigt, als Verlierer.

Wie damit umgehen? Wie beim Ghosting gibt es kein Patentrezept, jeder Fall ist anders, einzigartig. Der kleine Beitrag, der an dieser Stelle geleistet werden soll, besteht darin, auf diese unappetitlichen Phänomene aufmerksam zu machen, sodass es vielleicht beizeiten auffällt, wenn aus einem losen Kontakt ein einseitig an der langen Leine geführter geworden ist. Der Erkenntnis sollte die respektvolle, verantwortungsbereite Tat folgen: eine Aussprache, eine Entscheidung. Getting closure, moving on – eine Sache abschließen, mit etwas ins Reine kommen, um bereit für einen Neuanfang zu sein.

Love Bombing: Wenn »Liebe« zur Waffe wird

Auch der dritte Böse im Bund der negativen Dating-Trends ist alles andere als neu: Als Begriff tauchte *Love Bombing* erstmals in den 1970er-Jahren auf. Beschrieben wurde damit das Verhalten von Sun Myung Moon, dem Gründer der Vereinigungskirche, besser bekannt als Moon-Sekte. Moon galt als Verführer, der seine Opfer gezielt in ein Abhängigkeitsverhältnis manövrierte.

Genau das ist der wesentliche Unterschied zu Ghosting und Benching: Love Bomber, weit in der Mehrzahl männlichen Geschlechts, gehen geplant vor. Die Opfer werden gezielt ausgewählt, mit Blumen, kleinen Geschenken, romantischen Aufmerksamkeiten und großen Plänen für eine gemeinsame Zukunft überschüttet (bzw. bombardiert). Das Ziel ist aber nicht die rosarote Wolke sieben, sondern Macht. Totale Kontrolle. Weshalb es typischerweise Teil dieses psycho- oder mindestens soziopathischen Verhaltensmusters ist, dass die Aggro-Romantiker die auserwählte Person nicht teilen, mit nichts und niemandem. Und damit ist nicht (nur) krankhaft übersteigerte Eifersucht gemeint: Das schließt den gesamten Freundeskreis mit ein und damit aus. Opfer werden von allen ihren sozialen Kontakten isoliert, auch von der Familie. »Eine grausame Art der Manipulation und des psychischen Missbrauchs« nennt es der Beziehungscoach Dominik Borde.

Einmal mehr tritt das Phänomen im Zeitalter von Social Media und Online-Partnersuche massiv gehäuft auf. Zum Opfer werden oft Frauen, die über ein geringes Selbstwertgefühl verfügen und sich übermäßig stark über ihren Partner definieren. Gefährdet sind zudem Personen, die an sich bereits über nur wenige soziale Kontakte verfügen – Einsamkeit macht verwundbar.

Es ist schön und schmeichelhaft, umworben zu werden, aber es kann nie der Natur des Gesellschaftstieres Mensch entsprechen, zum alleinigen Fokus einer einzigen Person zu werden. Wird einem von Minute eins einer »Beziehung« das Blaue vom Himmel versprochen, ist gesunde Skepsis angebracht. Untrüglicher Lackmustest ist schließlich der Umgang des Love Bombers mit den Freunden und Familienmitgliedern seiner Zielperson: Wird das soziale Netz verweigert, sollten allerspätestens sämtliche Alarmglocken schrillen. So sicher nicht!

Das trostreiche Finale

Am Ende dieses Kapitels eine kleine Geschichte, die der Seele guttut, von Beate, 45, Salzburg. Sie führt uns wieder an den Anfang, zu den Erwartungen, und hat ein wunderschönes Happy End (das haben wir jetzt wirklich nötig):

2007, damals noch verheiratet, stand für mich fest, dass diese Ehe ein Ablaufdatum hat. Also habe ich mich – um meinen Marktwert zu bestimmen (da ja keine 20 mehr und mit leichten Gebrauchsspuren) – bei diversen Partnerportalen angemeldet. Mein damaliger Favorit: ELITEPARTNER – heißt ja im Slogan »Singles mit Niveau«. Dann haben sich gemeldet: mit Sicherheit sehr g'scheite Männer, Uni-Professoren aller Art, fast allesamt Nerds und sozial inkompatibel – zumindest die, die mich angeschrieben haben ... Aber den Vogel hat der letzte Interessent abgeschossen ... war nämlich mein eigener – damals noch angetrauter – Gatte.

Nachdem ich sein Profil gelesen hatte, war mir klar, dass auch er seit Längerem nach einer niveauvollen Partnerin Ausschau hielt; für mich letztendlich der Startschuss für den Gang zum Gericht. (Keiner von uns konnte dem/der Anderen was anhängen, weil wir ja offiziell nichts von unserer Registrierung bei ELITEPARTNER wussten.)

Dann hatte ich bei FRIENDSCOUT24 (das heutige LOVESCOUT24, Anm.) *einen Salzburger Theaterkritiker an der Angel – erstes Date: Kinoabend im Alternativkino mit »Die Frau des Leuchtturmwärters« – ein Melodram in französischer Sprache mit englischen Untertiteln (Französisch – ganz schlecht für mich, Englisch ging so halbwegs ...). Danach auf der Steinerterrasse in Salzburg, eher beidseitig sehr wortkarg (er war wohl über den Verlust seiner Frau noch gar nicht hinweg). Wir haben dann beschlossen, uns nicht mehr zu sehen, und uns ein schöneres Leben als gerade jetzt gewünscht ...*

Dann war da noch der Salzburger Staatsanwalt, der mir gleich beim ersten Kaffee erklärte, dass dort, wo er ist, vorne ist, und alles seinen Wünschen zu entsprechen hat. Außerdem hatte dieser 50+-Herr seinen Freund die ganze Zeit auf der Rolltreppe!!! auf und abfahren lassen und auf ein Zeichen von diesem gewartet, ob ich denn optisch entsprechen würde ... Na Gott sei Dank habe ich ein »Daumen hoch« vom Freund erhalten und auch gesehen ... Auch nach diesem 20-minütigen Kaffee war für mich klar: NÖ, DER WIRD'S SICHER!! NICHT.

Last but not least – hab ich mir einen Toyboy gesucht, ganz nach dem Motto: Biete intelligente, niveauvolle, hübsche Frau, erwarte mir schöne Stunden, guten Sex, nette Kurzurlaube und kleine Geschenke – und aus! Mann sollte 1,90 Meter messen, sportlich-athletisch gebaut sein, keine Haare (außer auf dem Kopf) haben, eloquent, intelligent, mit Charme und Witz. Erhalten habe ich: 1,78 Meter, damals 113 Kilogramm, ach ja: mein Mann hat keine Haare – er hat ein Fell ;-). Der Rest hat jedoch gepasst. Was soll ich sagen: seit 9. 9. 2009 verheiratet und noch immer glücklich.

Und damit gehen wir es jetzt richtig an: Mit dem nächsten Kapitel beginnt der persönliche Ratgeberteil dieses Buches. Ein glücklicher Zufall à la Beate ist eine wunderbare Sache.

Gewusst wie lässt sich die Chance darauf erheblich steigern. Werfen wir also einen genauen Blick auf all die vielen Mitspieler des Romantik-Karussells, auf Sie, geschätzte Leserinnen und Leser: »Das große Ich bin Ich.«

KAPITEL 4

Das große Ich bin Ich

Am Anfang Ihrer Partnersuche über ein Dating-Service stehen idealerweise viel Neugierde, ein wenig Mut und ausreichend Zeit. Häufig ist aber Verzweiflung die Triebfeder. Dann aber ist der Zeitpunkt für das Abenteuer Online-Dating einfach (noch) nicht gekommen für Sie. Sich mittels Online-Dating von Herzschmerz ablenken zu lassen funktioniert nicht. Auch einen Rosenkrieg gewinnt man nicht, indem man im Netz auf Verbündete hofft. Menschen auf Partner-Plattformen sind keine Ausstiegshilfen aus verpufften Beziehungen. Jeder online Partnersuchende hat das Recht darauf, altlastenbefreite, an die Zukunft glaubende, ehrliche Menschen kennenzulernen.

Bevor Sie daran denken, sich ein Profil anzulegen oder eine kostenpflichtige Mitgliedschaft bei PARSHIP, ELITEPARTNER, LOVESCOUT24 oder anderen Anbietern abzuschließen, ein kleiner Selbsttest.

Stellen Sie sich folgende Fragen. Und vor allem – finden Sie ehrliche Antworten.

1. Würde ich mich selbst, so wie ich jetzt bin, gerne kennenlernen wollen?
2. Könnte ich mich in die Person, die ich bin, verlieben?
3. Was würde mich an mir stören?
4. Was fände ich an mir besonders gut?

Wenn Sie die Fragen 1 und 2 nicht mit Ja beantworten und Ihnen zu Frage 3 deutlich mehr einfällt als zu Frage 4, dann lassen Sie es besser. Online-Dating heißt, mit Frust und Ablehnung umgehen zu lernen. Menschen, die emotional nicht ausreichend stabil sind, verzweifeln rasch daran. Da dies kein Ratgeber zum Thema »Liebe dich selbst, dann lieben dich andere« ist, dürfen Sie hier bitte auch keine ausführlichen Empfehlungen dazu erwarten. Nur so viel: Diese Aussage ist korrekt. Bauen Sie sich und Ihre Gefühlswelt auf, bevor Sie nach einem neuen Partner Ausschau halten. Nur so kann es klappen.

Ihre Autorin ist anfangs selbst in die Falle geraten. Sie wollte nach einer 35-jährigen Beziehung das Lecken der Wunden delegieren und startete bald nach dem höllischen Ende die erste Runde Online-Dating. Es ging fürchterlich schief. Jeder prospektive Prinz wurde spätestens beim ersten Date zum Frosch. Sie suchte in jedem Mann ihren Ex. So mies er sich auch verhalten haben mochte, er war der Mann ihres Lebens gewesen. Da konnte kein Neuer mithalten. Rückblickend weiß Ihre nun klüger gewordene Autorin, dass es den interessierten Männern gegenüber schlicht unfair war, sich ihnen zuzumuten.

Michael, 42, aus Rostock hat seine Strategie ähnlich falsch angelegt. Er schreibt uns:

Ich bin am Ende mit meiner Beziehung. Meine Frau aber will sich nicht scheiden lassen. Es gibt ständig Streit deswegen, und meistens lenke ich ein und setze die Trennung nicht durch. Ich fürchte, ich bin zu schwach dafür. Mit einer neuen Frau hätte ich ausreichend Motivation, mich von meiner Frau abzunabeln. Seit ein paar Wochen bin ich nun auf PARSHIP unterwegs und habe auch schon einige Frauen getroffen. Da ich nicht als verheirateter Mann gesehen werden will, der nur auf Abenteuer aus ist, habe ich meinen Beziehungsstatus mit Single angegeben. Im Gespräch erzähle ich dann meine ganze Geschichte. Das Leid

*mit meiner Frau, die vielen Diskussionen, meinen Frust. Ich
bin also ehrlich. Doch die Damen reagieren darauf alle sehr
ähnlich. Mit Vorwürfen und Kontaktabbrüchen. Wieso ist
keine bereit, mir zu helfen, aus meiner trostlosen Ehe raus-
zukommen? Was mache ich falsch?*

Michaels Frage ist rasch beantwortet: Er ist weit von jeglicher Singlebörsen-Basiseignung entfernt und stellt an den
Anfang einer möglichen Beziehung eine gravierende Lüge.
Dating-Services sind kein Pool für Therapeutinnen, die sich
mit Kaffee und Kanapee bezahlen lassen. Auf den Umgang
mit der Wahrheit werden wir später in diesem Kapitel noch
eingehen. Und wer professionelle Hilfe in solchen Situationen scheut: Therapeuten sind manchmal durch ehrliche
Freunde ersetzbar. Doch auch für Michael gilt es, Ordnung
zu schaffen in seinem Beziehungsleben und darauf zu achten, eine gewisse emotionale Stabilität mitzubringen. Und
eben Neugierde, Mut und Zeit. Erst das Zusammenspiel dieser Faktoren schafft die Basis dafür, dass es mit dem Online-
Dating klappt.

Nun werden wir mit Ihnen schrittweise durcharbei-
ten, wie und was Sie zu tun haben, damit Sie sich auf Ihrer
Online-Plattform so präsentieren, dass Sie außer mit den
Falschen (und, vertrauen Sie uns, die werden Sie erleben!)
auch schöne Begegnungen mit den Richtigen haben.

Einstiegstest und Matching

Wenn Sie sich für ELITEPARTNER oder PARSHIP entschieden haben, beginnt Online-Dating für Sie mit einem wissen-
schaftlichen Persönlichkeitstest. Einer seitenlangen Selbsteinschätzung, bei der Sie Fragen zu beantworten und Entscheidungen zu treffen haben. Die Auswertung dieses Fragebogens ist dann Basis des Matchings, dem Profilabgleich

von Menschen, mit dessen Hilfe festgestellt wird, wer mit wem grundsätzlich zusammenpassen könnte. Die dahinterliegenden Algorithmen werden gehütet wie das Original-Coca-Cola-Rezept aus 1887.

Matching von Profilen macht schon irgendwie Sinn. Es nimmt Ihnen Arbeit ab – die des Potenzialchecks im realen Leben: Wo decken sich Ihre Interessen, Vorlieben, Wertvorstellungen, Lebensziele etc. mit anderen? Andererseits schränkt es natürlich die Anzahl möglicher Kontakte ein. Die Vorselektion entspricht dem, was Sie bei der Begegnung mit einem Fremden auch tun würden: Sie suchen nach Übereinstimmungen und bewerten das Potenzial, das die Begegnung für Sie hat: die Guten ins Töpfchen, die Schlechten ins Kröpfchen. Wir warnen allerdings davor, Matchingpunkte als einziges Kriterium anzusehen. Sie mögen ein Hinweis auf gewisse Übereinstimmungen sein, eine Garantie für Passung sind sie aber nicht. Mal ganz ehrlich: Was nützen die vielen Punkte, wenn Sie einander bei der ersten Begegnung nicht riechen können? Das echte Matching findet genau dort statt: Wenn Sie Ihrem Datingpartner das erste Mal Auge in Auge gegenübersitzen.

Die nächsten etwas theorielastigen Absätze sind dem Informationsanspruch Ihrer Autoren geschuldet. Es wäre sinnvoll und hilfreich, würden Sie sich diesen Teil des Kapitels zu Gemüte führen. Für ausgeprägte Theorieallergiker die wichtigsten Botschaften sicherheitshalber aber auch im Telegrammstil (dies verdanken Sie wiederum der Servicehaltung Ihres Autorenteams):

- Nehmen Sie sich Zeit für den Persönlichkeitstest!
- Denken Sie nicht nach, antworten Sie spontan aus der Sicht eines partnersuchenden Menschen (nicht aus Sicht eines Managers, einer Mutter etc. Das sind andere Rollen, in denen Sie auch anders denken und handeln müssen).

- Lassen Sie sich beim Ausarbeiten der Aufgaben nicht beeinflussen und nur qualifiziert beraten.
- Lesen Sie die Ergebnisse und prüfen Sie, ob Sie sich darin wiedererkennen.
- Achten Sie auf die Erklärungen zu den Matching-Ergebnissen. Manches versteht man erst im Zusammenhang.
- Lassen Sie sich von geringen Matchingpunkten niemals davon abhalten, einen Menschen zu kontaktieren, der Ihnen interessant erscheint.

Und hier der Teil für die Lesefreudigeren, Theorieinteressierten:

Bei ELITEPARTNER liegt die höchste Matchingpunktezahl bei 115. Es wird empfohlen, aber durchaus auch Vorschläge ab 75 Matchingpoints in Betracht zu ziehen. Psychologen sprechen in diesem Fall von einer »guten Passung«. Der ELITEPARTNER-Persönlichkeitstest wurde 2003 von einer Gruppe von Wissenschaftlern rund um den deutschen Psychotherapeuten Volker Drewes entwickelt. Gegliedert ist er in die Bereiche Persönlichkeitsdimensionen, soziale Kompetenzen und Lebensziele, Interessen, Einstellungen und Motive. Die Auswertung basiert vorwiegend auf dem Ähnlichkeitsprinzip. Was nicht falsch ist: Aktuelle Forschungen zeigen, dass die frühere Ansicht der »Gegensätzlichkeiten, die sich anziehen« so nicht stimmt. Glückliche Paare zeichnen sich nicht durch Gegensätzlichkeit aus, sondern durch überdurchschnittlich viele Ähnlichkeiten und Gemeinsamkeiten. Karl Grammer, Evolutionsbiologe an der Universität Graz, meint zur Theorie der gegensätzlichen Anziehungskraft: »Das scheint irgendwann einmal in der Literatur gestanden zu haben. Seitdem geistert das herum.« Wir vermuten, da stecken auch biologische Gründe dahinter, die Menschen unbewusst steuern: Zwar wollen wir alle unsere eigenen Gene erfolgreich weitergeben, doch die Menschheitsentwicklung hat gezeigt, dass es für den Fortbestand unserer Art wichtig ist, dass das Erbgut mit möglichst unterschiedlichen Menschen gekreuzt wird. Natürlich können Sie damit argumentieren, dass Sie an einer Weitergabe Ihrer Gene ohnehin nicht mehr interessiert sind. Das ist Ihrem Stammhirn aber gleichgültig, es wird Sie trotzdem zu einem gewissen Maße steuern – weit über die Zeit Ihrer Potenz und Fruchtbarkeit hinaus.

ELITEPARTNER bedient die Bedürfnisse Ihres Stammhirns: Neben dem Ähnlichkeitsprinzip wird auch das Ergänzungsprinzip angewandt. Nach der Theorie des gesunden Abstands, den der Schweizer Forscher Jürg Willi im Rahmen seiner Kollusionstheorie geprägt hat. Und zwar für jene Paarbeziehungen, in denen die »neurotischen Dispositionen beider Partner wie Schüssel und Schloss zusammenpassen«. Bei ELITEPARTNER geht es weniger um Neurosen als darum, dass keine völlige Übereinstimmung in beziehungsrelevanten Bereichen als ausgleichende Entwicklungspotenziale interpretiert werden: Nähe versus Unabhängigkeit, Durchsetzung versus Anpassung und Geborgenheit versus Eigenständigkeit. Ein Kuschelbär wird keiner kühlen Aristokratin zugemutet, ein Freigeist keiner kleinbürgerlichen Spitzenklöppel-Bezirksmeisterin. Eine Welteroberin keinem Mann, der sich von seinen Gartenzwergen nicht trennen kann. Die Unterschiedlichkeiten dürfen nicht gravierend sein. Doch ein wenig tut gut, weil das die Möglichkeit in sich birgt, dass der Kontrast belebt. Der Kuschelbär aus seiner Höhle kommt, der Freigeist das Schöne an Häuslichem entdeckt und vielleicht einmal ein Gartenzwerg mitdarf auf eine Weltreise. Geringe Unterschiede sind das, was man als »Salz in der Suppe« kennt. Sie verleihen eine gewisse Dynamik, die für eine erfüllte Beziehung sehr wichtig ist.

Bei PARSHIP können Sie zwischen 60 und 140 Matchingpunkte erreichen. Früher waren es maximal 100 Punkte. Da das von vielen als hundertprozentige Übereinstimmung interpretiert wurde, stellte PARSHIP auf die Maximalpunktezahl von 140 um. PARSHIP meint, dass eine Übereinstimmung von mehr als 100 Punkten Sie neugierig genug machen sollte, diesen Single zu kontaktieren. Ihr Autorenteam meint: Auch wenn es weniger Matchingpoints sind, kontaktieren Sie interessante Menschen. Sie haben schließlich nichts zu verlieren.

Bei PARSHIP wird der Hintergrund des Testverfahrens so beschrieben: »Vor mehr als 40 Jahren begannen Prof. Hugo Schmale und sein Team zu erforschen, was eine erfolgreiche Partnerschaft ausmacht und diese Kriterien in ein wissenschaftliches Testverfahren zu überführen. Prof. Schmale entwickelte schon 1970 an der psychologischen Fakultät der Universität Hamburg als einer der ersten Wissenschaftler moderne Testverfahren für die Partnersuche. Es wurden psychologische und soziologische Modelle benutzt, um völlig neuartige Fragen zu entwerfen, die dabei helfen, genau die Personen zusammenzuführen, bei denen die Aussicht auf eine langfristige und glückliche Beziehung gegeben ist. Wichtig bei der Entwicklung des Fragebogens und der Überprüfung seiner Messgenauigkeit war vor allem die Konzentration auf Merkmale, die gerade in Partnerschaften besonders wichtig sind.« Bei PARSHIP betont man, dass es beim Persönlichkeitstest und dem nachfolgenden Matching nicht darum geht, ausschließlich perfekt zueinander passende Menschen zu finden. Gleiche Leidenschaften und Hobbys und Vorlieben verbinden – da ist man sich sicher. Für langfristige Beziehungen hält man dort diese Faktoren aber nicht für entscheidend, sondern eher für »ermüdend«. Bei Einfühlsamkeit bzw. Nähe versus Distanz koppelt das PARSHIP-Prinzip wiederum nur Singles, die optimal zusammenpassen.

Sie sehen also, es gibt kleine Unterschiede bei den Algorithmen, mit denen Sie sich aber nicht wirklich beschäftigen müssen. Nutzen Sie die Zeit besser für die Bearbeitung des Persönlichkeitstests. Doch überlegen Sie nicht lange, wie Sie in welcher Situation wohl am klügsten entscheiden, mit welcher persönlichen Eigenschaft Sie am meisten beeindrucken könnten. Arbeiten Sie sich ungestört, flott und möglichst spontan durch die Fragen. Wir haben Singles kennengelernt, die sich von Freunden beim Ausfüllen sekundieren ließen, die sich extra einen psychologisch Gebildeten zur Seite setzten, um alles richtig zu machen. Und wir hatten einen Mann zum Interview, der sich wunderte, dass die Matchings aus seiner Sicht so gar nicht passten. Als wir dann erfuhren, dass er den Test im volltrunkenen Zustand gemacht hatte, war alles klar.

Da wir alle auf unterschiedlichen Spielplätzen – Familie, Job, Freizeit etc. – in unterschiedliche Rollen schlüpfen, empfehlen wir Ihnen, sich beim Beantworten der Fragen in Ihre Rolle als Partner bzw. Partnerin zu versetzen. Aus der Sicht der einen Hälfte eines Paares – wie würden Sie handeln und denken?

Kein anderer User auf der Partnerbörse sieht, welche Fragen Sie wie beantwortet haben. Es werden nur die Ergebnisse beider Tests beim Matching gegenübergestellt.

Die Ergebnisse Ihrer Persönlichkeitsanalyse (Kollege Helmuth nennt diese Auswertung liebevoll „psychologisches Selbstbeweihräucherungs-PDF") können Sie im Rahmen von kostenpflichtigen Mitgliedschaften im Detail studieren. Und das sollten Sie auch tun! Möglicherweise ergibt die Auswertung Persönlichkeitszüge, mit denen Sie überhaupt nicht einverstanden sind. Das lässt sich einfach richtigstellen: Bei PARSHIP haben Sie die Möglichkeit, unter »Ich über mich« einen Freitext einzufügen. Bei ELITEPARTNER steht Ihnen dafür ganz oben im Profil der Block »Das Besondere an mir ist, dass ...« zur Verfügung. Als Beispiel: Sie sind eine durchschnittlich dominante Frau (das sagen auch andere über Sie!). Die Testergebnisse stellen Sie aber als sehr dominant dar (was bei Männern – außer sie suchen eine Domina – grundsätzlich nicht gut ankommt). In diesem Fall könnten Sie schreckhaften Männern die Angst durch ein paar nette, ausgleichende Worte nehmen: »Im Beruf verstehe ich es, mich durchzusetzen. Privat lebe ich gerne meine weiche Seite aus.« Oder etwas in der Art. Schaffen Sie einen Gegenpol zu Ergebnissen, die Ihrer Meinung nach Ihre Persönlichkeit nicht adäquat widerspiegeln.

Profil und Selbstdarstellung

Und schon wieder sitzen Sie vor einer Seite mit Fragen und Aufgaben. Sind Sie LOVESCOUT24-User und haben keinen Persönlichkeitstest beantwortet, sind Sie nun das erste Mal damit konfrontiert, etwas über sich preisgeben zu müssen. Nehmen Sie sich – ich weiß, das hatten wir schon – Zeit und erarbeiten Sie Ihr Profil in einem Durchgang. Quengelige Kleinkinder sind in dieser wichtigen Phase ebenso störend wie Freunde, die mitreden wollen oder ein Fußballmatch, das Sie nebenher beobachten. Wie Sie jetzt Ihr Profil anlegen, hat massiven Einfluss darauf, wie Sie von anderen Singles wahrgenommen werden. Bemühen Sie sich also! Doch seien Sie unbesorgt, Sie können – außer Ihrem Alter (bei LOVESCOUT24 geht sogar das) und Ihrer Größe – alles eigenhändig wieder korrigieren. Das Ausarbeiten in einem Durchgang ist deshalb wichtig, weil Ihr Profil sofort (oder teilweise nach Prüfung durch Administratoren) online geht. Erste Besucher, die auf Ihr fragmentarisches Profil stoßen und nichts daran interessant finden, kommen wahrscheinlich nie wieder auf Ihre Seite. Diese potenziellen Interessenten haben Sie auf alle Zeit verloren. Und jene, die sich auf jedes, auch noch so magere Profil melden, gehören meist nicht der Kategorie »ernsthaft Suchende« an.

Weshalb es so wichtig ist, dass Sie sich ausführlich mit Ihrem Profil befassen und nicht nur Schlagwörter einsetzen, erklären auch die Schwestern Arum und Dawoon Kang in Ihrem TEDx Talk »The Beautiful Truth about Online Dating«. Sie verglichen eine Gruppe Singles, die ihren Partner gefunden hatten, mit einer zweiten, deren Suche erfolglos geblieben war. Was die Glücklichen von den Glücklosen unterschied, waren nicht Aussehen, Beruf oder Einkommen. Der einzig signifikante Unterschied war an der Länge der Profileinträge festzumachen. Die Leider-noch-Singles nutzten Schlagworte, waren extrem sparsam im Umgang mit Sätzen. Wohingegen in der Gruppe der Paare die Profiltexte ansprechend und ausführlich waren. In beiden Gruppen fanden sich vergleichbare Schlüsselworte, das bildete also nicht den Limes zwischen Lust und Frust. Es war tatsächlich der Umfang an Informationen, den jemand über sich preiszugeben bereit war.

Von Bildern und Katastrophen

Bevor wir uns den Angaben widmen, bei denen Münchhausen häufig die Feder führt, lassen Sie uns doch über Fotos reden. Und jetzt ersuchen Ihre Autoren besonders die lesenden Herren, sich sehr auf den Text zu konzentrieren. Fotos von Frauen sind nicht immer optimal, Fotos von Männern sind teilweise katastrophal! Wobei anzumerken ist, dass sich die Qualität der dargebotenen Bilder auf den Partnerbörsen unterscheidet. Vielleicht ist wirklich etwas dran an der ELITEPARTNER-Aussage von wegen »Singles mit Niveau«. Das fotografische Niveau liegt hier in jedem Fall über dem von PARSHIP und sehr sehr weit über jenem von LOVESCOUT24.

Wann ist ein Bild ein gutes Bild (für Ihr Single-Börsen-Profil)?
● Das Foto, das Sie als Profilbild auswählen (es findet sich stets oben auf Ihrer Profilseite), zeigt Ihr Porträt: Im Bild

sind Ihr Gesicht, Ihre Haare, der Ansatz Ihrer Schultern – und sonst nichts. Keine Kinder, Hunde, Boote, Stofftiere oder gar andere Personen oder Teile von diesen, insbesondere nicht die weggeschnittene Ex ... Wenn Sie es ernst meinen – und das tun Sie ja, sonst würden Sie diesen Ratgeber nicht lesen – und eine Sichtung Ihrer Bestände bei ehrlicher, selbstkritischer Beurteilung zu nichts führt: Wie wäre es mit professioneller Hilfe? Oder wenigstens einem begabten Hobbyfotografen, der Sie vernünftig in Szene setzt? Ihre Profilbilder sind zu wichtig für ein Recycling veralteter Aufnahmen oder den Dilettantismus des durchschnittlichen Urlaubsknipsers.

- Auf den weiteren Fotos im Album können Sie sich dann in unterschiedlichen Lebenssituationen darstellen: im Job, beim Hobby, beim Ausgehen, mit Ihren Kindern (aber wirklich Ihren – wenn überhaupt! Kinder auf Partnerbörsen-Fotos sind ein sehr heikles Thema, einige Netzwerke sortieren solche Aufnahmen generell und rigoros aus), mit Ihren Haustieren oder was immer Ihnen wichtig ist. Selbst das Alphorn, das Ihrer Autorin kürzlich begegnete, ist im Album erlaubt. Wichtig ist aber, dass Sie als Mittelpunkt des Fotos wahrgenommen werden. Und nicht gerade in inniger Umarmung mit einem anderen sind.

- Am schönsten sind Fotos, die aussehen, als wären sie zufällig entstanden – es aber nicht sind. Ein Profitrick, um diesen Effekt zu erzielen: Das Setting ist erstellt, die Kamera schussbereit; Sie schauen vor sich auf den Boden. Dann heben Sie den Blick und werden in dem Moment abgelichtet, in dem Sie mit der Kameralinse Augenkontakt schließen.

- Selfies zeugen allgemein davon, dass es Ihnen egal ist, wie Sie aussehen. Sie sind unbrauchbar für ein seriöses Profil. Man sieht den ausgestreckten Arm, oft den Blitz im Spiegel, der Gesichtsausdruck ist verkrampft und im Hintergrund steht der Wäscheständer, oder das Badezimmerchaos kommt mit ins das Bild.

- Falls der Porträtfotograf zum Einsatz kommt, bedenken Sie: Allzu Gestyltes wirkt künstlich und aufgesetzt. Die manierierte Handhaltung unterm Kinn, der verschwurbelte Farbnebel im Hintergrund ... das muss nicht sein. Natürlich, ungekünstelt ins beste Licht gerückt: Das sollte der Auftrag an den Fotografen sein.

- Wenn Sie coole Pressefotos von sich haben, sind die meist perfekt als Profilfoto geeignet. Aber bitte nicht ausschließlich Pressefotos.

- Sie tragen maximal auf einem der Bilder (aber natürlich nicht dem Profilbild) eine Sonnenbrille, auf den anderen sieht man Ihre Augen.

- Sie sind dem Anlass auf den Fotos entsprechend gekleidet. Ein Dirndl beim Heurigen ist okay. Ein offener Hemdkragen bei einem Ball ist es nicht.

- Fotos im Bett, im Arm einer Anderen, in Unterwäsche, Badekleidung oder noch nackter sind völlig ungeeignet für Partnerbörsen, die versuchen seriöse, an mehr als einem One-Night-Stand interessierte Menschen zueinanderfinden zu lassen.

- Achten Sie auch auf die Komposition des Bildes. Ein Hirschgeweih, das direkt über Ihrem Kopf schwebt, wirkt lächerlich. Ein von unten aufgenommenes Foto ist immer unvorteilhaft. Ein von oben aufgenommenes Foto macht Sie klein und duckmäuschenhaft. Und wenn Sie im Gesamtbild nur als kleiner Punkt in der Landschaft wahrnehmbar sind, können Sie sich das Hochladen gleich sparen. Hintergründe sollten Hintergründe bleiben. Das heißt, sie sind ruhig, lenken nicht von Ihnen ab, sondern bieten einen schlichten, unaufdringlichen Rahmen.

- Sie sollten sowohl Porträtfotos, Halbporträts (Scheitel bis Taille) als auch Ganzkörperfotos verwenden.
- Ein Tipp für die Pose bei einem Halbporträt von »Zustandsverbesserin« Gabriele Strasky *(www.wahreliebe.jetzt)*: Männer legen sich das Jackett über die Schulter. So sind ihre Hände beschäftigt und die Verzweiflung darüber, wie man diese in diesem Moment andernfalls völlig nutzlosen Extremitäten halten soll, zeigt sich nicht mehr im Gesichtsausdruck. Eine Schritt-Hockposition wiederum kann sich für Porträts von Mann und Frau als günstig erweisen.
- Mit unseren neuen Smartphones, die 12, 16 oder mehr Megapixel haben, können wir heute Aufnahmen machen, die früher nur echte Kameras zustande brachten. Bitten Sie jemanden, mit einem Smartphone mit reichlich Megapixel von Ihnen größere Serien in verschiedenen Situationen und in unterschiedlicher Kleidung zu machen, und wählen Sie dann die aus, die unseren Empfehlungen entsprechen. Mehr als Zeit müssen Sie darin nicht investieren. Im Freien bei Tageslicht entstehen schönere Fotos als indoor mit Blitz. Besonders schön ist das Licht morgens und am späten Nachmittag. Bei greller Mittagssonne werden Bilder flach und haben weniger Spannung.
- Setzen Sie Photoshop und andere Bildbearbeitungswerkzeuge sparsam ein. Vor allem beginnen Sie nicht, wild an Ihren Falten und Augenringen herumzukaschieren. Wenn das kein Profi erledigt, sieht man es. Legen Sie auch keine Sepia- oder sonstige Filter über Ihr Bild. Was wir aber empfehlen, ist, durchaus eine Schwarz-Weiß-Aufnahme auszuprobieren. S/W-Fotos fallen aus dem Rahmen und deshalb auf.
- Die Fotos sind ordentlich belichtet (das lässt sich auf dem Rechner nachträglich noch machen), Sie tragen Ihre originale Augenfarbe und haben keine rot leucht-

enden Blitzaugen. Das Motiv ist nicht verwackelt oder unscharf.

- Sie fletschen auf dem Foto nicht die Zähne, Sie lächeln.
- Für Damen: Machen Sie nicht auf Movie-Queen. Kein Duckface, kein Sparrowface à la Kim Kardashian (Sie wissen schon, Glupschaugen und den Mund geöffnet wie ein Spatz, der auf die nächste Wurmration wartet).
- Für Herren: Frisieren Sie sich und bringen Sie – wenn Sie Bartträger sind – diesen in Fasson.
- Verwenden Sie keine Fotos, die älter als zwei Jahre sind. Und wenn Sie sich darauf noch so gut gefallen. Bilder, denen die Ähnlichkeit mit Ihnen fehlt, sind Betrug. Und es ist äußerst dumm, diese einzusetzen. Bei der ersten Skype-Conference mit Bild oder dem ersten Date kommt die Wahrheit ans Licht. Und das kann dann richtig erniedrigend für Sie werden.
- Achten Sie darauf, keine Urheber- oder Nutzungsrechte zu verletzen. Hat jemand anderes die Bilder gemacht (vor allem, wenn es ein Fotograf war), müssen Sie den »Credit« angeben. Also den Namen des Fotografen oder des Studios. Sicherheitshalber sollten Sie mit Ihrem Fotografen klären, ob Sie seine Bilder auch im Web nutzen dürfen. Auch das Bildbearbeiten (Zurechtschneiden, im Computer pimpen etc.) ist nicht automatisch gestattet. Alles, wo die Nutzungsrechte nicht klar beschrieben sind, kann gefährlich und vor allem sehr teuer werden.
- Viele Menschen lassen sich nur ungern fotografieren. Das sieht man dann häufig auf den Bildern. Freunden Sie sich mit der Kamera an, sehen Sie sie als liebenswertes Gegenüber, das Sie für sich gewinnen wollen. Flirten Sie mit ihr.

Noch ein Hinweis: Verwenden Sie für Ihr Profil keine Fotos, die Sie auch für andere Social-Media-Auftritte nutzen, oder die sonst irgendwo im Internet auftauchen. Durch eine simple Bildersuche könnte so Ihre Identität rascher aufgedeckt werden, als Ihnen lieb ist. Deshalb: Auf Ihr Profil kommen ausschließlich Fotos, die Sie nur für den Zweck der Partnersuche nutzen.

Wir hätten Ihnen hier gerne die Galerie des Grauens vorgestellt. Die Bilder, anhand derer wir unsere Empfehlungen abgeleitet haben. Aus Gründen des Persönlichkeitsschutzes dürfen wir dies nicht. Aber bitte glauben Sie uns: Ihre Autoren haben bei diesem Teil der Recherchearbeiten sehr gelitten.

Einen interessanten Zugang zu Fotos mit erfreulichen Ergebnissen beschrieb Josef, dem wir bereits im vorigen Kapitel begegnet sind, im Interview mit Ihrem Autor: *Ich habe Bilder von den Frauen aus meiner Sicht interpretiert wie Gemälde. Mit dem Schmäh bin ich verflucht gut gefahren. Eine hatte ein Foto von sich in einem violetten Kleid, mit ausgebreiteten Händen, in denen sie eine Muschel und einen Seestern hielt. Das war irgendwie so urweiblich, so empfangend. Aus ihren Bildern habe ich eine Geschichte gemacht. Auf einem sieht man sie als Wanderin, auf einem anderen am See, also habe ich beschrieben, wie sie durch den Wald geht, über den duftenden Waldboden schreitet, dann sieht sie ein gleißendes Licht, das ist der Teich, reißt sich die Kleider vom Leib und springt dort hinein. Wie ein Delfin so auf die Art. Ich meine, wann haben wir zuletzt Aufsätze geschrieben? In der Oberstufe. Für mich war das eine kleine Voraussetzung, mal wieder Aufsätze zu schreiben. Das hat mir Spaß gemacht, und es kam auch oft Ähnliches zurück. Für mich habe ich festgestellt: Die Fotos sind immer ein bisschen verzerrt. Wenn ich dem Menschen dann 1:1 gegenübergesessen bin, war er immer fescher als auf dem Foto. Das war für mich so ein gewisser Effekt, ich habe immer eine positive Überraschung erlebt.* Na bitte: Manchmal braucht es nur etwas mehr Freiheit im fantastischen Denken, und schon wird aus vorgeblicher Wahrheit Wirklichkeit.

Um diesen bisher fast schon mit erhobenem Zeigefinger, jedenfalls aber mit sehr viel Ernsthaftigkeit vorgebrachten Teil unseres Ratgebers mit etwas Amüsantem zu beenden, hier noch die Geschichte von Angelika, 32, aus Wien, wie sie Helmuth berichtet wurde:

Heute kann sie darüber lachen, aber die Ironie ist schon gewaltig. Ausgerechnet Angelika, dieser Tage selbst als Fotografin auf Porträts spezialisiert, die nicht selten Online-Profile zieren, verfiel vor etlichen Jahren auf die Schnapsidee, als Profilbild eine Aufnahme zu wählen, die sie Seite an Seite mit ihrer besten Freundin zeigt.

Was genau sie damit demonstrieren wollte – Bescheidenheit, ihr freundliches, geselliges Wesen, eine Einladung für einen flotten Dreier – ist ihr heute selbst nicht mehr klar.

Was genau die Folgen waren, dafür umso mehr: Ein Kontakt, ein Treffen ergaben sich geschwind (möglicherweise mit dem männlichen Hintergedanken »nimm zwei, zahl eine«), nur interessierte sich ihr Date so für die Andere auf dem Foto, dass es keine Alternative gab. Sie brachte die beiden zusammen, und das funktionierte dann auch prächtig: Ihre immer noch beste Freundin ist seither mit Angelikas allererstem Blind Date zusammen.

Alles gut, im Übrigen. Angelika hat auch jemanden gefunden. Aber damals, na ja ... da stand ihre Freundschaft auf dem Spiel, von ihrem tatsächlich sehr freundlichen Wesen ganz zu schweigen. Es half, dass sie den Mann sympathisch fand, aber auch nicht mehr. Wirklich Glück gehabt: Derlei Szenarien führen in der Regel nicht zu einem Happy End, eher zu Generationen überdauernden Erbfeindschaften. Und das braucht ja nun wirklich niemand.

Gartenzwerge und Luxustussis

Wenn Sie eingeladen werden, sich auf einer Partnerbörse mit einem Nickname einzutragen, überlegen Sie bitte gut, welche Bilder in den Köpfen anderer entstehen könnten, die diese Zuschreibungen lesen. Besonders in Kombination mit weiteren Offenbarungen geben Nicknames einen guten Einblick in den Gemütszustand eines Menschen. Sie sollten also sehr gründlich darüber nachdenken, welche Botschaft Sie durch die Wahl Ihres Nicknames vermitteln.

Anhand einiger Beispiele aus unterschiedlichen Dating-Services lässt sich am leichtesten darstellen, was Sie besser nicht tun – nämlich Ihr zentrales »Verkaufsargument« derart hinauszuposaunen, dass keine Wünsche, Fragen oder sonstigen Interessen übrigbleiben:

- Nickname *Lustzentrum* – ergänzt durch den Hinweis auf ein tätowiertes Herz auf dem Allerwertesten
- Nickname *Schmollmündchen* – Freizeitbeschäftigung Shoppen und Kuscheln
- Nickname *Deartyoldclown* – kombiniert mit dem Bild eines Spätsechzigers, unrasiert und mit Schwabbelbacken
- Nickname *Berlusconi* – und dem ergänzenden Hinweis »nicht so reich, aber genauso scharf«
- Nickname *Queen of Love* – im Itsy-Bitsy-Teenie-Weenie-Honolulu-Strandbikini in einem Kinderplantschbecken
- Nickname *Leckerfritzi*, der von sich weiters verrät, dass er besonders auf Wiener Schnitzel steht, solange sie gestapelt sind und weit über den Tellerrand hinaushängen
- Nickname *Mr. Big* – die bemühte Kopie des Dauerlovers der Sex-Kolumnistin Carrie Bradshaw. Vermutlich aber in einem anderen Einkommensniveau
- Nickname *Nimmmich* – erstaunlicherweise ein Mann, der gar nicht mal so übel aussieht

- Nickname *Weltenbeherrscher* – und begeisterter Arbeitsloser, wie er schreibt
- Nickname *Stricklisl* – Beruf Handarbeitslehrerin, Hobbys Marmelade einkochen und Esoterik

Wir haben im Web Penner entdeckt, Luxustussis, Gartenzwerge, Dominas, süße Küken und Rollmöpse, Ferraris und Always6. Wenn Sie an einem regengrauen, langweiligen Abend also mal so richtig lachen wollen: Nicknames, wie sie mit Ausnahme der Partnervermittler allüberall zu finden sind, von *GeileMaus564* – man beachte die hohe Zahl an Mäusen – auf ABI8.DE bis atp2407 – Tennisspielerin? Passwortnerd? Geburtstag am 24. Juli? – auf ZOOSK.COM, haben manchmal mehr Unterhaltungswert als das beste Kabarett. Oder auch Gruselkabinett: *Blutig3Elisa* und *RachelKropf* boten sich nicht etwa auf »GESTÖRTESINGLES.FAKENET« an, sondern auf dem österreichischen Szene-Urgestein LOVE. AT. Ein wenig Rätselraten hat Userin *engcilia* bei uns ausgelöst – eng oder Engel? Aber fällen Sie doch Ihr eigenes Urteil anhand von *engcilias* Freitext zum Thema »Was mir wichtig ist«: »Was ist für mich am meisten, um ein ehrlicher Mann, ich kann heiraten und verbringen den Rest meines Lebens zusammen alt werden und sterben in Liebe zusammen zu treffen.«

Wenn Sie nicht möchten, dass Sie in einem unserer nächsten Bücher hier exemplarisch genannt werden, verwenden Sie für Ihr Profil einen frei gewählten Vornamen (nicht Ihren echten, ersten Vornamen), den Namen einer Stadt oder ähnlich Unverdächtiges. Kreativ werden Sie beim Nickname nur dann, wenn Sie den Grat zwischen pfiffig und peinlich trittsicher zu beschreiten verstehen.

Verwenden Sie keine Namen, mit denen Sie auf anderen Plattformen auftreten. Je aktiver Sie im Internet sind, je mehr Profile Sie auf Social-Media-Plattformen betreiben, umso einfacher ist es für Fremde Ihre Identität herauszufinden. Jemanden zu outen, ist einfach und geht schnell. Er muss nur einige der Angaben, die Sie auf der Singlebörse machen, miteinander kombinieren und in eine Suchmaschine eingeben. Wohnort, Beruf, Nickname und ein paar weitere Profildetails, und – schwupps – schon wird aus *Sonnenschein*, 43, Architektin, Bonn eine konkrete Person mit genauer Wohnadresse, Telefonnummern, Websites, Biografien, Arbeitgebern.

Weiter geht es mit den Basisinformationen, der »Pflicht« im Paarlauf. Dazu zählen – abhängig von der Plattform, auf der Sie sich bewegen – Angaben zu Wohnort, Größe, Figur, Aussehen, Ausbildung, Beruf, Familienstand, Kindern, Rauchverhalten, Sternzeichen, Hobbys bis hin zum Glauben. Unsere dringende Empfehlung: Bleiben Sie möglichst nah an der Wahrheit.

Nach vielen Gesprächen mit Partnerbörse-Usern dürfen wir die beliebtesten Lügenthemen bekanntgeben:

Bei Frauen: Alter und Figur

Bei Männern: Beruf/Bildungsstand und bei den etwas kurz Geratenen (Körperlänge unter 175 Zentimetern) die Größe

Wie alt sind Sie wirklich?

Jeder, dessen Geburtsjahr knapp über der Schwelle eines Jahrzehnts liegt, ist gut beraten, sich unter oder genau an der magischen Dezenniums-Grenze zu positionieren. Der Grund ist klar: Kaum jemand gibt bei seinen Suchkriterien 52 als Maximalalter an. 50 hingegen schon. Es ist also üblich, allgemein bekannt und strategisch begründbar, wenn in diesem Fall ein paar Monate unberücksichtigt bleiben. Man würde aus dem Suchraster des Gegenübers kippen. Dazu kommt, dass sowohl Männer als auch Frauen, wenn sie auf sich achten, heute ohnedies meist jünger wirken und kaum jemand den kleinen Unterschied bemerken wird. Wir haben Selbstversuche durchgeführt mit identischen Profilen, aber unterschiedlichen Altersangaben. Die Resonanz auf Profile mit 50 war auf allen Partnerbörsen deutlich höher als bei Altersangabe 52. Achtung: Das Alter wird bei den meisten Anbietern aus Ihrem Geburtsdatum, nach dem Sie schon bei der Anmeldung gefragt werden, errechnet. Eine der großen Partnerbörsen bietet seinen Mitgliedern zum Problem der Altersschwellen ein besonderes Service. Uns wurde von Klaus, 69, Rosenheim berichtet, dass er kurz vor seinem 65. Geburtstag eine Nachricht mit ungefähr folgendem Text erhielt: »Wir möchten Sie nicht verleiten zu lügen. Aber wir wollen Sie darauf aufmerksam machen, dass Sie nun bald eine Altersgrenze erreicht haben, wo es weniger Partnervorschläge für Sie geben könnte. Erfahrungsgemäß ist das Interesse von Frauen an Männern im Alter von 60–65 größer als jenes im Alter von 65–70.« Wir überlassen es Ihnen, unserer kritischen Leserschaft, wie Sie diesen Hinweis einer Partnerbörse bewerten.

Maßlosigkeit bei Altersschummeleien wird Ihnen nicht verziehen. Erzählungen über massiven Altersbetrug erhielten wir zuhauf. Mit diesen Berichten könnten wir ein weiteres Buch befüllen. Es wäre sehr erheiternd. Hier eine davon, exemplarisch für das, was einem widerfahren kann beim Online-Dating:

Bernhard, 52, aus Bisamberg: *Ich hatte mich entschieden, die 45-jährige Bettina um ein Date zu bitten. Ihr Profil gefiel mir, das Foto zeigte eine jugendliche Mittvierzigerin, wir hatten uns am Telefon gut unterhalten und sie entsprach optisch total meinen Vorstellungen. Meine Gefühle für dieses Kennenlernen waren optimistisch, beinahe euphorisch. Bei dieser Frau hatte ich den Eindruck, es passt einfach alles. Wir hatten uns auf einer Bank im Rathauspark in Wien verabredet. Ich war, wie es sich gehört, zehn Minuten vor der Zeit dort. Leider war »unsere« Bank belegt. Eine ältere Frau las entspannt in einem Buch. Da ich nicht stören wollte, ging ich vorbei, drehte noch eine Runde und war fünf Minuten vor der vereinbarten Zeit wieder an der Bank. Noch immer besetzt. Von derselben Frau, die nun konzentriert in ihr Smartphone tippte. Ich schlenderte vorbei, als bei mir eine SMS einging: »Bin schon da, freue mich auf dich. Bettina.« Ich war verwirrt, suchte andere Bänke nach der Frau ab, die ich vom Foto kannte, fand sie aber nicht. Kurz danach die nächste SMS: »Wo bleibst du?« Ich antwortete mit: »Auf welcher Bank sitzt du?« Und dann kam, was ich insgeheim schon befürchtet hatte. Sie saß auf der Bank, »unserer« Bank, an der ich schon zweimal vorbeigegangen war. Kurz überlegte ich, einfach zu verschwinden. Dagegen sprachen meine gute Erziehung und meine Neugierde auf Bettinas Erklärung für die falsche Altersangabe und die Jugendfotos. Ich begrüßte sie mit: »Beinahe hätte ich dich nicht erkannt«, hoffend, dass sie die wahre Bedeutung dieser Aussage verstehen würde. Das tat sie nicht, sondern begann mit einer belanglosen Plauderei. Die Frau, der ich gegenübersaß, war mit Sicherheit Anfang sechzig und Welten entfernt von ihren Fotos und meinen Vorstellungen. Bettina merkte meine Einsilbigkeit und wollte den Grund dafür wissen. Meinen Vorwurf wegen des falschen Alters und der Fotos aus jüngeren Jahren parierte sie mit dem Eingeständnis, schon fünfzig zu sein. Das nahm ich ihr einfach nicht ab. Die unerwartete Frage nach ihrem Geburtsjahr brachte sie ins Schwitzen. Sie bemühte sich um eine rasche und korrekte Kopfrechnung. Leider gelang dies nicht. Ihrer missglückten Rechnung nach wäre sie plötzlich nur mehr 40 Jahre alt gewesen. Jetzt reichte es mir. Ich riet ihr, Männer in Zukunft nicht mit so miesen Tricks für sich interessieren zu wollen, verabschiedete mich und ging. Seitdem mache ich vor jedem Date sicherheitshalber einen Skype-Anruf mit Bild und kann sagen, dass jede Zweite Altersangaben und*

Fotos in ihrem Profil verwendet, die mit der realen Erscheinung wenig bis nichts zu tun haben.

Mollig ist nicht schlank!

Jetzt wird's – für viele – echt unangenehm. Von schlank bis keine Angaben geht die Bandbreite der figürlichen Einordnungsmöglichkeiten. Und Sie müssen sich irgendwo auf dieser Skala festlegen. Frauen, die nicht den idealen Body-Mass-Index vorweisen können, tun sich in diesem Punkt besonders schwer. Reflexartig klicken sie schlank an, weil ihnen normal schon abartig vorkommt, geschweige denn ein paar Kilos/Pfunde mehr oder gar mollig.

Grundsätzlich verstehen wir das Problem beim Eingeständnis der Körperform. Überlegen Sie doch bitte: Was versteht jemand unter »normal«? Eine Frau, weitab der Pubertät, nahe dem Klimakterium, kann, nein, sollte doch durchaus die Figur einer erwachsenen Frau haben dürfen. Mit Rundungen, dort wo sie hingehören. Und, ja, durchaus auch mit ein paar kleinen Fettpölsterchen. Wir meinen, das ist normal! Für einen Mann, der bisher mit spindeldürren Hobby-Models sein Leben geteilt hat, wäre diese Frau wenigstens mollig. Wir möchten hier nicht den Schlankheitswahn thematisieren, aber etwas mehr Mut zur Realität hielten wir für angebracht.

Wenn Sie als Frau mit weiblichen Rundungen gesegnet sind, stehen Sie dazu. Männer haben ja meist auch kein Problem damit, stattlich (auf PARSHIP) oder ein paar Pfunde zu viel (auf ELITEPARTNER) oder korpulent (auf LOVESCOUT24) anzugeben. Wovor wir dringend abraten, ist, sich als Mann als mollig zu bezeichnen. Diese Option bietet ELITEPARTNER und wir finden, sie ist absolut unmännlich. Ebenso problematisch könnte die Angabe »korpulent« für Frauen ausgehen.

Da alle, die sich auf Partnerbörsen bewegen, davon ausgehen, dass bei der Figur gerne eine Stufe unterhalb der Realität angegeben wird, ist es akzeptabel, dieses Spiel mitzuspielen. Aber übertreiben Sie nicht! Ein paar Kilos und Pfunde über dem idealen BMI als normal zu bezeichnen ist in Ordnung. Sind Sie aber tatsächlich ein ausgewachsenes Pummelchen, tun Sie sich selbst etwas Gutes und klicken Sie nicht schlank an!

»Nicht übertreiben« gilt übrigens auch in die andere Richtung: Vor allem Frauen haben oft ein überkritisches Selbstbild und halten sich für dick, weil die allmorgendliche Gewichtskontrolle ausgerechnet am Tag der Profilerstellung ein halbes Kilo »Übergewicht« ergab. Seien Sie beruhigt: Grundsätzlich liegt Schönheit im Auge des Betrachters, und wenn dieser ein Mann ist, kommt noch meisterliches Verdrängen dazu. Das ist in dem Fall gut für Sie als Frau: Männer nehmen an Frauen, die sie mögen, das wahr, was ihnen gefällt – und das dürfen in puncto Figur durchaus auch ein paar Rundungen mehr sein, als es dem Modediktat entspricht.

Sich selbst gegenüber funktioniert der männliche Verdrängungsblick übrigens ebenso gut. Daher noch ein Tipp für die Herren: »Athletisch« wird im Duden als »sportlich durchtrainiert, muskulös, gestählt« definiert. Es muss kein Eight-Pack sein, aber der Ansatz von Wadenmuskeln allein bedeutet definitiv keinen athletischen Körper.

»Keine Angaben« oder »Das behalte ich für mich« löst immer Misstrauen aus. Verwenden Sie diese Option also besser nicht.

Das richtige Längenmaß

Die Größenangaben sind für besonders hoch gewachsene Frauen oft ebenso problematisch wie für besonders klein gewachsene Männer. Was tun sie also? Der 175 Zentimeter kleine Mann wächst virtuell auf 181 Zentimeter, die Frau, die schon im Turnunterricht immer darunter gelitten hatte, am Anfang der Riege stehen zu müssen, schrumpft sich auf männerfreundliche Länge ein. Das, geschätzte Leserinnen und Leser, macht wirklich keinen Sinn. Eine große Frau, die einen Partner wenigstens auf optischer Augenhöhe sucht, ist zurecht entrüstet, wenn sie einem Größenschwindler aufsitzt. Ein Mann, der Wert darauf legt, im Stehen den Scheitel seiner Partnerin küssen zu können, ist wiederum sauer, wenn er ihr nur bis zum Kinn reicht. Wenn Sie meinen, dass Sie deutlich außerhalb der gängigen Norm liegen, thematisieren Sie dies im Freitextfeld Ihrer Profilseite. Im Profil eines Mannes auf PARSHIP fiel uns dieser Hinweis auf: »Ich bin innen drin viel größer als außenrum.«

Haben Sie selbst kein Problem mit einem Partner, der nach klassischen Maßstäben nicht zu Ihrer eigenen Körpergröße passt, stellen Sie Ihre Suchkriterien entsprechend ein und weisen Sie mit einer humorvollen Bemerkung im Profil oder Ihrer Kontaktanfrage darauf hin. Peter, der mit knapp 170 Zentimetern nicht zu den ganz Großen zählt, erhielt folgende Kontaktanfrage (von einer Frau, die deutlich größer war als er): »Lang bin ich selber. Was ich suche, ist ein Mann mit einer großen Persönlichkeit. Wollen wir uns kennenlernen?« Das war 2005. Peter und seine Isabella sind noch immer ein Paar.

Allerdings gilt auch für diesen Bereich: Geringfügige Korrekturen, zumal wenn sie mit Zehnerstellensprüngen verbunden sind, dürfen sein. »Knapp 170 Zentimeter« klingt schon mal deutlich besser als 168 Zentimeter. Eva »Liebes«Fischer verdanken wir die Geschichte eines hundertprozentig ehrlichen IT-Technikers, 169 Zentimeter groß und absolut ansehnlich, dessen sehr ansprechendes Profil einfach keine Frau interessierte. Dann nutzte er einen Dreitages-Gratis-Account bei PARSHIP für ein Experiment: Er kopierte sein Profil 1:1, änderte lediglich die Berufsangabe auf Architekt und die Größe auf das Gardemaß von 180 Zentimeter. Ergebnis: 90 Zuschriften in drei Tagen, vielfach mit E-Mail-Adresse oder gleich mit Telefonnummer und dem Vorschlag, sich doch umgehend zu treffen.

Der ehrliche IT-Mann hat diesen Account und mit ihm sämtliche Anfragen nach den drei Tagen gelöscht. Sich elf Zentimeter größer zu machen, wäre auch tatsächlich nicht nur verlogen, sondern einfach dumm. Hätte er sich aber nur einen oder zwei Zentimeter hinzugeschwindelt, hätte das wohl niemand als arglistige Täuschung erlebt – und seine Chancen deutlich erhöht.

Problemzone Familienstand

Beim Familienstand gibt es auf den Plattformen unterschiedliche Optionen. Ledig, geschieden und verwitwet. Diese Status sind eindeutig. Hier sucht jemand ohne Partner einen Partner.

LoveScout24 ergänzt die Auswahl noch um »verheiratet« und »das behalte ich für mich«. Beides brachte Ihr Autorenteam zum kritischen Stirnrunzeln. Was hat jemand, der in aufrechter Ehe lebt, auf einer Partnerbörse zu suchen? Für Menschen, die eine Geliebte, einen Mann zum Fremdgehen suchen, gibt es ausreichend Angebote im Web: C-DATE, ZOOSK, JOYCLUB, FLIRTSTAR, um nur einige zu nennen. Und jemand, der seinen Familienstand für sich behalten will, macht nicht neugierig, sondern – hoffentlich – misstrauisch. Was soll das also?

Und dann gibt's da noch dieses »getrennt lebend« sowie »in Partnerschaft lebend«. Dahinter verbirgt sich so gut wie immer ein beziehungstechnisches Minenfeld. Sie werden diesen Menschen niemals für sich allein haben. Bestenfalls werden Sie als therapeutischer Rollator, raus aus der bisherigen Beziehung genutzt. Im schlechtesten Fall enden Sie als Dauergeliebte.

Was haben wir dafür schon alles für Erklärungen gehört. Glaubwürdig war kaum jemals eine. Problembehaftet hingegen schon. Wir meinen: Bringen Sie Ihr Beziehungsleben in Ordnung, bevor Sie sich auf die Suche nach einem neuen Partner machen. Sonst sind Sie nichts weiter als eine Zumutung. In vielen Interviews haben wir bestätigt bekommen: verheiratet, getrennt lebend oder in Partnerschaft lebend ist für die meisten Singles ein Ausschlusskriterium. Weshalb insbesondere Männer beim Familienstand gerne auf ledig oder geschieden zurückgreifen, selbst wenn sie bereits über einen veritablen Harem verfügen. Der Familienstand ist, nach Beruf und Größe, die dritthäufigste Männer-Lüge. Nur Hobbypsychologen und Menschen, die selbst auch keine ernsthafte Beziehung, sondern nur ein Nebenherverhältnis suchen, lassen sich auf solche Kalamitäten ein. Der Rest wird Ihnen vermutlich gar nicht erst antworten. Sparen Sie also Zeit und Geld und kehren Sie Ihren Hof, bevor Sie versuchen, die nächste Bäuerin für sich zu gewinnen.

Ein Abitur macht noch keinen Akademiker

Wer in Österreich die Höhere Technische Lehranstalt (HTL) absolviert hat (und sich anschließend als Regalbauer durchschlägt), ist noch lange kein Architekt. Wie Ihre Autorin einem Ihrer Bewerber kürzlich klarmachen musste. Sein Profil hat er deshalb trotzdem nicht korrigiert.

Auch bei der Berufsangabe stellt sich – wie bei vielen anderen Angaben – die Frage: Was soll Mogelei bringen? Sich um drei Jahre jünger zu machen ist – bei optischer Entsprechung – üblicherweise kein Problem. Als Ärztin aufzutreten, um sich dann als Krankenschwester zu outen, wird vermutlich als unentschuldbare Lüge ausgelegt. Größtmögliche Ehrlichkeit aber ist nun mal das wichtigste Fundament einer Begegnung.

In unseren Interviews fragten wir natürlich auch nach der bevorzugten Profession der Traumfrau, des Traummannes. Ergeben hat sich ein erstaunlich homogenes Bild. Es gibt in den Augen vieler einige Berufsbezeichnungen, die aus der Fülle der Angestellten, Beamten und Versicherungsmakler herausstechen wie erste Schneeglöckchen im Februar. Abgesehen von Singles, die – aus welchen Gründen auch immer – nur einen Partner mit gleichem beruflichem Hintergrund akzeptieren, hat sich für uns folgendes Bild ergeben: Architekten stehen recht weit oben auf der Wunschliste (besonders von Frauen). In der Beliebtheitsskala geschlagen nur von Anwälten, Ärzten und Piloten. (An dieser Stelle lassen wir Sie gerne kurz am Gedankenaustausch des Autorenteams teilnehmen: Einschub Helmuth: »Und Autoren!« Konter von Elfi: »Wunschdenken!« Retoure Helmuth: »Eh auch Autorinnen!«) Auch ein Psychologe ruft Interesse bei Frauen hervor. Für Männer ist die Berufsgruppe, die sich hauptamtlich um die Psyche anderer kümmert, häufig ein rotes Tuch. Wir raten dringend davon ab, sich als Lebens- und Sozialberaterin, Psychotherapeutin oder Psychiaterin zu outen. Da fahren Sie mit Altenpflegerin besser.

Männer fliegen auf Juristinnen (wenn sie selbst klug und gebildet sind. In Einzelfällen aber auch, weil sie sich Unterstützung bei ihrem laufenden Scheidungskrieg erwarten). Sie mögen Flugbegleiterinnen (vermutlich, weil viele von ihnen relativ jung sind und es Freitickets für den Partner gibt. Am Image des Berufsbildes kann es nicht mehr liegen). Und Männer stehen verständlicherweise auf Ärztinnen (vor allem dann, wenn sie selbst schon ein krankheitsanfälliges Alter erreicht haben).

Eine von ELITEPARTNER 2017 durchgeführte Umfrage

unter 6.500 Singles ergab einige Überschneidungen, aber doch auch Unterschiede zu unseren Ergebnissen. Möglicherweise liegt es daran, dass viele unserer Gesprächspartner aus Österreich stammten und wir Singles aus unterschiedlichen sozialen Milieus befragt haben. Der Ordnung halber hier die Erkenntnisse aus der ELITEPARTNER-Umfrage 2017:

Frauen mögen folgende Berufsbilder:
- Arzt 42%
- Handwerker 42% (Akademikerinnen und Nichtakademikerinnen lagen bei dieser Präferenz sehr weit auseinander: 33% zu 51%)
- Ingenieur 35%
- Architekt 34%
- Polizist 31%
- Geschäftsführer 30%
- Wissenschaftler 29%
- Journalist 27%
- Jurist 26%
- Künstler 26%
- Lehrer 22%
- Rettungssanitäter 21%
- Designer 20%
- Informatiker 20%
- Kaufmännischer Angestellter 16%
- Psychologe 15%
- PR/Marketingmitarbeiter 12%
- Steuerberater 11%
- Flugbegleiter 6%
- Politiker 6%

Männer mögen folgende Berufsbilder:
- Ärztin 45%
- Krankenschwester 37%

- Wissenschaftlerin 32% (hier war der Unterschied zwischen befragten Akademikern und Nichtakademikern mit 42% zu 23% besonders auffällig)
- Künstlerin 31%
- Ingenieurin 30%
- Lehrerin 29%
- Architektin 29%
- Handwerkerin 29%
- Flugbegleiterin 28%
- Designerin 28%
- Polizistin 26%
- Journalistin 26%
- Juristin 25%
- Kaufmännische Angestellte 24%
- Geschäftsführerin 24%
- Informatikerin 21%
- Psychologin 19%
- PR/Marketingmitarbeiterin 17%
- Steuerberaterin 12%
- Politikerin 9%

Kurzes Resümee dieser Zahlen: Frauen suchen den intellektuellen Mann und eine gewisse wirtschaftliche Sicherheit, Männer die fürsorgliche Frau, die maximal so erfolgreich sein darf wie sie selbst.

Wir ergänzen aus unseren eigenen Recherchen: Akademisch gebildete Männer haben kein Problem mit Nichtakademikerinnen. Auf Akademikerinnen üben Handwerker und Pflegeberufe keine Faszination aus.

Was tun Sie aber, wenn Sie einer der weniger beliebten Berufsgruppen angehören? Uns sind Frauen begegnet, die es nicht wagten, sich als erfolgreiche Anwältinnen vorzustellen und sich selbst zu juristischen Assistentinnen degradierten. Ähnlich kastratives Verhalten, also den Steuerberater, der sich zum Buchhalter macht, haben wir bei Männern nicht beobachtet.

Bleiben Sie ehrlich (ja, wir wissen, dass wir gelegentlich redundant daherkommen), machen Sie nicht mehr aus sich, aber auch nicht weniger. Eine Möglichkeit, anderen die Angst vor Ihrer beruflichen Tätigkeit zu nehmen, wäre, dies im Freitext Ihres Profils anzusprechen. Einiges davon ist uns auf Profilseiten angenehm aufgefallen:

»Flugbegleiter, aber auf dem Weg zum Purser – flieg mit mir zu den Sternen«;

»Politikerin, gemäßigt links. Ich bin nicht militant und ich kann meine Klappe halten. Und ich habe keine Ambitionen auf einen Sitz im Nationalrat«;

»Ich tobe mich als Psychiaterin an meinen Patienten aus, nicht an meinem Partner«;

»Fürchte dich nicht vor einem Informatiker. Er würde deinen abgestürzten Rechner auch um drei Uhr morgens für dich zum Laufen bringen«.

Es sind immer die Faktoren Humor, Stil und eine Prise Augenzwinkern, die mögliche Problemfelder in Ihrem Profil entschärfen.

Vermeiden sollten Sie, neben den offiziellen, weniger beliebten Berufsbezeichnungen, sich als Rentner zu bezeichnen, da sind Pensionär oder süddeutsch-österreichisch auch Pensionist schon die etwas eleganteren Umschreibungen für Ihren Ruhestand. Achtung: Dieser Hinweis gilt nicht für Deutschschweizer, wo mit Pensionären noch immer Pensionsbewohner bezeichnet werden.

Arbeitslos als Berufsbezeichnung ist immer kontraproduktiv.

Der 59-jährige Privatier und Medizinstudent wird kein Publikumsmagnet werden.

Ebenso wenig wie die Esoterikerin, die Astrologin oder die Geistheilerin. Wir entschuldigen uns an dieser Stelle bei Vertreterinnen dieser Berufe.

Wussten Sie übrigens, dass es schon berufsbezogene Partnerbörsen gibt? Metzgermeisterinnen und Fleischhauer finden einander auf METZGERSINGLES.DE. Gastwirte und Wirtinnen auf GASTROSINGLES.DE. Und Bauern suchen die Frau für Herz & Hof auf FARMERSINGLES.DE.

Was machen Sie, was lieben Sie, was hassen Sie?

Um die Basisdaten Ihres Profils abschließen zu können, fehlen jetzt nur noch Aussagen zu Ihrem Freizeitverhalten, Ihrem Musikgeschmack, Ihren bevorzugten Restaurants und einiges mehr.

Dabei gilt zu beachten:

- Wenn Sie Musils Hauptwerk »Der Mann ohne Eigenschaften« als Lieblingsbuch angeben, reicht es nicht, zu wissen, dass das Buch mehr als 2.000 Seiten hat. Sie sollten auch darüber plaudern können, weshalb Ulrich, der Hauptakteur des Buches, zum Mann ohne Eigenschaften wurde.

- Kontaktieren Sie eine Frau, die gregorianische Gesänge dem Volkslied vorzieht, sitzen Sie irgendwann neben ihr in einer Kirche und lauschen liturgischen Gesängen. Nicht jeder mag das.

- Der Mann, der in seiner Freizeit Motocrossrennen besucht und an seinem Motorrad herumschraubt, wird erstens erwarten, dass sie die Wochenenden mit ihm gemeinsam an unterschiedlichen Rennstrecken steht und dabei zweitens die Ölränder unter seinen Nägeln sexy findet.

Manchmal ergibt erst die Kombination unterschiedlicher Bereiche ein klares Bild auf den Inhaber des Profils:

- Treffen »Kegeln«, »gutbürgerliche Küche«, »Schlager« und »Fernsehen« aufeinander, sollten Sie mit einem eher gemütlichen Typus rechnen.
- Der tauchende Segler, Mountainbiker, Paraglider, Marathonläufer, Rennradfahrer, Golfer, Bergsteiger und Schwimmer (dieses Profil gibt es tatsächlich!) erwartet entweder, dass Sie sich an seinem wahnwitzigen Freizeitprogramm beteiligen oder dass Sie still erdulden, ihn nur in Momentaufnahmen zu erleben.
- Eine Frau, die mit Leidenschaft kocht, Vereinsarbeit und Handarbeiten liebt, ihre Familie als bevorzugte Freizeitbeschäftigung angibt und gerne ausruht, wird Sie nicht an der Polestange tanzend von den Abendnachrichten abhalten.
- Der angelnde Wohnmobilbesitzer, der bevorzugt Gratiszeitungen liest, wird Ihr Blut vor Aufregung niemals zum Wallen bringen (könnte aber perfekt zu der leidenschaftlichen Vereinsmeierin passen).

Wenn Sie sich Profile anderer ansehen, betrachten Sie deren ergänzende Profilangaben zu Hobbys und persönlichen Vorlieben immer in der Gesamtheit. Einzelne Ausreißer müssen Sie nicht beunruhigen, erst die Kombination zeigt, worauf Sie sich möglicherweise einlassen.

An dieser Stelle fühlt der männliche Teil Ihres Autorengespanns sich bemüßigt, auf einen wichtigen, zu wenig beachteten Umstand hinzuweisen: Setzen Sie viele Matchingpunkte nicht mit gleichen Interessen und Vorlieben gleich. Hinter zwei nach Meinung der Matchingalgorithmen gut kompatiblen psychologischen Profilen können sich völlig unterschiedliche Interessenlagen befinden.

Laura, 53, aus Wien, hat uns dazu Folgendes berichtet: *Nach der letzten sehr schmerzlichen Enttäuschung in Sachen Mann und Beziehung habe ich als klassisch-konservative, aber dennoch romantisch veranlagte Karrierefrau mit*

53 Jahren beschlossen, den Rest meines Lebens doch nicht allein zu verbringen, und habe mich auf einer renommierten Partnerbörse eingeschrieben, die mit niveauvollen Partnern wirbt, die sehr genau »gematcht« würden.

Ich habe daher mehrere aktuelle Fotos von mir hochgeladen, ein ansprechendes Profil erstellt, und so sollte die Reise in ein neues Glück beginnen. Dass mir die Partnerbörse immer wieder Männer in meinem Alter mit offenem Kinderwunsch vorgeschlagen hat, war schon sehr irritierend. Weiters fand ich befremdlich, dass mir als absolutem Kulturfreak Männer vorgestellt wurden, die lieber Mountainbike fahren und klettern gehen. Selbst ein wirklich netter Mann mit 97 (!) Matchingpoints hatte leider ganz andere Interessen als ich. Mein Vorschlag, sich einen französischen Film anzusehen, bedeutete für diese Begegnung den Todesstoß.

Fragen, Fragen, nichts als Fragen

Die wichtigen Basisdaten haben Sie nun beisammen. Jetzt fehlt noch die Klitzekleinigkeit der Fragen, die Sie im Freitextmodus ausfüllen können. Nein, müssen! Profile ohne beantwortete Fragen sind tote Profile. Also beantworten Sie möglichst viele der angebotenen Fragen, schaffen Sie eine kleine Erlebniswelt, in der Besucher Ihres Profils sich gerne aufhalten.

Die Partnerbörsen bieten unterschiedliche Fragen an. Von der Beschreibung Ihres Äußeren über Personen, die Sie gerne treffen würden, seltsame Angewohnheiten, Träume, Auslöser für Lachanfälle, Überlebenswichtiges und Banales bis hin zu Kindheits- oder Urlaubserinnerungen, Rezepte gegen schlechte Laune und vieles mehr. Manche Plattformen muten ihren Kunden vereinzelt sogar noch wirkliche Freitextfelder zu: Da steht dann eiskalt »Über mich« und darunter ist das schreckenerregende, völlig leere Textfeld.

Für weniger Schreibgeübte ist dieser Teil des Profils oft eine große Herausforderung. Trotzdem, da müssen Sie durch! Besonders, wenn Sie ein Mann sind: Für Frauen sind Texte oft das, was Fotos für die Männer sind – das Um und Auf. Auf Seiten wie PARSHIP oder ELITEPARTNER, wo Sie das Aussehen eines anderen auf den Schleierfotos zunächst maximal erahnen können, sind charmante Textbotschaften à la »Mein Lebensmotto«, »Was bewegt mich zurzeit« oder »Das Besondere an mir ist, dass ...« zudem oft der einzige und – wie wir mittlerweile wissen – entscheidende erste Impuls für Anziehung oder Ablehnung. Sind Sie in der Rechtschreibung unsicher, lassen Sie Ihre Antworten bitte auf Fehler checken. *Grobe Rechtschreibferbrechen in Provieltexten* entsprechen absoluten No-Gos beim ersten (oder irgendeinem) Date wie Mundgeruch oder über den Ex reden.

Finden Sie das richtige Mittelmaß im Umfang. Schlagwörter sind zu wenig, Aufsätze sind eine Zumutung. Vergleicht man männliche und weibliche Profile, zeigt sich, dass Frauen tendenziell schreibfreudiger sind als Männer. Manchmal aber artet Schreibfreude in Schreibwut aus. Sie bekommen für die Anzahl von Zeichen kein Fleißsternchen. Im Gegenteil, Sie ermüden grundsätzlich Interessierte.

Kämpfen Sie mit Formulierungen, können Sie sich so helfen, dass Sie »Ich wünschte, ich könnte, ...« mit »in Worten besser ausdrücken, was mir am Herzen liegt« ergänzen. Bitte wünschen Sie sich nicht, fliegen zu können. Das findet sich in jedem zweiten Profil und ist so fantasielos. Auch das häufig gesehene »... hier endlich den Mann meines Lebens finden« zeugt von großer Bedürftigkeit, die eher Angst macht als ansportt, Sie zu kontaktieren.

Jemand, der darüber lacht, dass etwas lustig ist, langweilt. Und die Frau, die angibt, »in fünf Jahren endlich verheiratet zu sein«, schreckt auch nur ab.

Ihr Autorenteam hätte beispielsweise keine Lust, jemanden zu kontaktieren, der als seltsame Angewohnheit »Nase bohren« angibt und das vermutlich lustig findet. Wenn auf die Feststellung: »Am wichtigsten in meinem Leben ist mir ... meine fünf Hunde« folgt, ist das nicht nur grammatikalisch falsch, es lässt auch vermuten, dass es für einen Partner etwas eng werden könnte.

Sind Sie wirklich schreibgehemmt, sehen Sie sich doch Profile anderer an. Holen Sie sich Anregungen, lassen Sie sich inspirieren von Formulierungen. Aber behalten Sie immer im Kopf, dass das, was Sie über sich verraten, für Lesende ein Bild und Erwartungen schafft, die Sie dann auch erfüllen sollten. Seien Sie mutig, aber werden Sie nicht übermütig bei der Schreiberei. Und: Seien Sie konkret, nennen Sie die Dinge beim Namen und versuchen Sie, Bilder entstehen zu lassen. Ein Beispiel: Das Besondere an mir ist, dass ... ich temperamentvoll und sinnlich bin. Gäähn. Das Besondere an mir ist, dass ... meine Lebenslust ein Feuer ist, an dem sich auch deine entzündet. (Übrigens testhalber ausprobiert: wirkt. Wie überhaupt eine wohldosierte Prise angedeuteter Erotik oder sogar Frivolität vielfach geschätzt wird; bloß plump oder gar vulgär darf es niemals werden. Das verhindern aber ohnedies die Zensoren der Plattformen. Eine wahre Beziehungs-Erfolgsstory begann z.B. 2001, also in der Bronzezeit des Online-Datings, mit folgender Tagline eines Mittdreißigers: »Lange Haare, lange Nase, ...«. Der rotzfreche und dabei völlig zensurresistente Claim löste dem Vernehmen nach zwar sehr wenig Respons aus – dafür dann aber so richtig: Die Dame, die sich zur Überprüfung des Wahrheitsgehalts der frivolen Andeutung entschloss, ist bis zum heutigen Tag mit dem Mann zusammen.

Worauf wir nicht vergessen haben:
ELITEPARTNER beginnt den Fragenkanon mit der Einladung, das Besondere an Ihnen zu verraten. PARSHIP fragt

nach einem persönlichen Zitat und LoveScout24 nach Ihrem Lebensmotto.

»Live and let die« halten wir weder als Zitat noch als Lebensmotto für geeignet. Ebenso den Hinweis auf die nette Frau, die gesucht wird, und die Parfüm, FKK und Französisch mögen muss. Auch typische Kalendersprüche sind überwiegend einfach nur ausgelutscht: »Wie oft wir ›Carpe diem‹ drin haben ...« verteidigte der Geschäftsführer von Icony, Uwe Thomas, mit überzeugender Leidensmiene das Übergewicht an vorgefertigten Antworten und die relativ wenigen Freitextflächen auf seinen Seiten. (Icony.de/.at/.ch – eine raffinierte Namenskreation aus der Zusammenziehung von I connect you, ich verbinde dich – ist eine Partnerplattform und zugleich ein Template für etliche andere Angebote im gesamten deutschsprachigen Raum.) Liebe Frauen, bitte nehmt zur Kenntnis: »Carpe diem« löst Aggressionen aus, unisono bei sämtlichen von Ihrem Autor dazu befragten Personen (und bei ihm selbst). Das kulinarische Äquivalent zu dieser flachsten aller lateinischen Plattitüden wäre ein gebrauchter Kaugummi. Und trotzdem gibt es ein in unserer Wahrnehmung ebenfalls ausschließlich von Frauen benutztes Sprüchlein, das sogar »Carpe diem« noch erträglich erscheinen lässt. Das Besondere an mir? »Finde es selbst heraus.« Seufz.

Auch bei Icony entgehen Sie dem Schicksal nicht, etwas Kreatives zuwege bringen zu müssen, trotz vieler vorgefertigter Profilantworten und nur einigen wenigen thematischen Freifeldern. Etwas widersprüchlich zu diesem Ansatz ist das Haupt-Freifeld sogar ein gänzlich »nacktes« Über mich. Tiefer im System findet sich dafür auf den Icony-Seiten ein spezielles Feature für die Klick-it-Gemeinde, der Fragenflirt. Dabei kreuzt man die am besten passende Antwort auf Fragen an Marke »Magst du Comics/Fertigpizza/Sex am Arbeitsplatz?« »Würdest du dich zu einem Date treffen, wenn der/die andere nur einen One-Night-Stand will?« usw. usf. – und danach die »Antworten, die du akzeptierst«. Alle, die mindestens zehn Fragen beantwortet haben, werden aufgrund der Ergebnisse gematcht. Das unterhaltsame Feature wird gerne angenommen: Im Durchschnitt beantworten User 156 (!) Fragen. Damit aber zurück zu den Dos and Don'ts der kurzen freien Texte. Sich in der Einleitung als »Quelle des Glücks« zu bezeichnen, aus »deren Mund (der der Quelle?) jede Silbe, die entweicht, das Herz berührt« – so drückt dies übrigens ein Mann aus –, halten wir für dümmlich.

Gefallen hingegen hat uns »Ich, obwohl aus dem Berner Oberland, mehr als fünf Sätze am Tag und mehr als Dreiwortsätze schaffe«.

Auch das umfassende »Ich möchte einen Mann kennenlernen mit Stil & Niveau. Einen, der Ettore Sottsass nicht für einen Fußballprofi hält, und der zwischen Autos und richtigen Autos unterscheiden kann« hat Pfiff und macht neugierig (natürlich nicht den bereits erwähnten Kegelbruder, der Eisbein isst, während im Fernseher eine Andrea-Berg-Show läuft).

Hier noch ein paar Fundstücke aus Frauenprofilen samt Kommentaren Ihres Autors: Das Besondere an mir ist, dass ...

ich gut über mich selbst lachen kann *(sehr verknappt, aber aussagekräftig – und wirklich etwas Besonderes)*

ich eine starke Persönlichkeit bin, die sich jedoch darüber freut, wenn man sie nicht dominieren lässt *(irritierend oder faszinierend, auf alle Fälle widersprüchlich; für Männer, die auf komplizierte Herausforderungen abfahren und insofern eine wirklich harte Selektion)*

ich mich nie von meinen positiven Gedanken abbringen lasse *(klassischer Abschrecker – diese Frau belügt sich selbst oder, noch schlimmer, ist wirklich so naiv-esoterisch. Niemand ist immer gut drauf)*

ich unkonventionell bin, open minded ...
mein Humor doch etwas schwärzer ist als bei
Otto Normalverbraucher ... *(weckt unmittelbar
Interesse. Passt das übrige Profil ins Bild, entsteht der
Wunsch, diese Aussage dem Echtheitstest zu unterziehen)*

ich ein eine Frau mit vielen Facetten bin
*(typische Nullaussage, noch dazu mit einem unüberseh-
baren sprachlichen Fehler; danke, aber nein danke)*

Lassen Sie diesen Teil Ihres Profils niemals unausgefüllt. Er
sticht ins Auge und wirkt wie die Headline Ihrer Tageszei-
tung bzw. die um Unsummen erarbeiteten, weltumspan-
nenden Taglines (Hauptslogans) von Firmen. Es ist gewissermaßen Ihr verbales Logo, Ihr persönliches Abzeichen in
wenigen Worten: Nur wenn dieses Interesse oder Neugier
auslöst, lesen Ihr Profilbesucher weiter. Also machen Sie das
Beste daraus – eine authentische, unterhaltsame, charmante
bis ein wenig freche Beschreibung eines Menschen, die neugierig macht und den Wunsch weckt, diese Person kennenzulernen.

Im nächsten Kapitel geht's genau um diese. Die Personen, die Sie sich von der Partnerbörse Ihres Vertrauens gerne
vorschlagen lassen würden. Manche Menschen schicken
Wünsche ans Universum. Man hört, je präziser diese formuliert würden, umso leichter täten sich die Erfüllungsgehilfen
da oben. Warum Sie Ihre Order an das Universum der Partnerbörsen mit etwas größerem Spielraum aufgeben sollten,
davon auf den nächsten Seiten mehr.

KAPITEL 5

Wer suchet, der findet

Grau ist alle Theorie – mag sein, aber leider halten Ihre Autoren es für unumgänglich, Sie mit dem System hinter den Partnervorschlägen und den Konsequenzen der von Ihnen eingestellten Suchkriterien vertraut zu machen. Der folgende kurze theoretische Exkurs liefert zudem eine ansatzweise Erklärung für das häufige Phänomen augenscheinlich unsinniger Partnervorschläge – oder dem Ausbleiben selbiger. Mit der Praxis geht es im darauffolgenden Abschnitt weiter.

Theorie der Partnersuche: Symmetrie und Asymmetrie von Suchkriterien

Nach Auskunft eines renommierten Dating-Services wird zwischen symmetrischen und asymmetrischen Suchkriterien unterschieden. Mit Ersterem sind Bedingungen gemeint, die beiderseits übereinstimmen müssen, andernfalls wird man einander nicht vorgeschlagen. Nehmen wir einmal an, Alter, Kinder, Rauchen und Bildung sind auf einer Partnerbörse symmetrisch und sehen wir uns das anhand eines Beispiels an: Annabelle ist 35 und sucht in einer Altersspanne von 40 bis 50 Jahren, Ferdinand ist 46 und wünscht sich eine Partnerin zwischen 36 und 46 Jahren. Werden Sie einander vorgestellt? Nein, weil Annabelle 35 Jahre alt ist, Ferdinand aber erst ab einem Alter von 36 Jahren sucht. Da gibt es also einmal eine Frau, die gezielt nach (etwas) älteren Männern sucht, und einmal einen Mann, den die jungen Dinger nicht interessieren, und dann wird das wieder nichts. Weil Ferdinand zwar Annabelles Altersspanne entspricht, aber andersrum keine Übereinstimmung gegeben ist.

Ebenso kommt es nur zum Vorschlag, wenn beide Seiten sich Kinder wünschen oder eben nicht, wenn beide Nichtraucher sind und beide Akademiker. Oder – wenn zumindest eine Seite in diesen Punkten »egal« angegeben hat. Das Fazit für Sie: Seien Sie bei diesen Kriterien besonders zurückhaltend mit Festlegungen. Sonst könnte es sein, dass Sie Ihre Traumfrau nur deshalb nicht finden, weil Sie als Konsument von drei Zigaretten täglich »Raucher« angegeben haben, die Dame aber nur Gelegenheits- und Nichtraucher akzeptiert. Und bei ihrem ersten Date mit jemand anderem als Ihnen die Flucht ergreift, weil ihr Gegenüber bei jeder »Gelegenheit« zum Glimmstängel greift. Lustig? Gut, wir wollen Sie ja schließlich auf unterhaltsame Art beraten – aber was genau soll das wirklich sein, ein Gelegenheitsraucher? Das ist ja nirgends definiert. Ihr Autor hatte einmal einen Nachbarn, der nichts außer Van Nelle Zware Shag rauchte, ein kompromisslos hartes Kraut, das es schon seit Jahren nirgends mehr zu kaufen gibt und in Österreich niemals gab. Organisiert hat er sich das mithilfe belgischer Fernfahrer. Im Besitz eines der damals noch üblichen, satten 50-Gramm-Päckchens wurde er zum Kettenraucher, in drei Tagen höchstens war der Schwarze inhaliert. Dafür rauchte er bis zur nächsten Lieferung gar nichts – mitunter wochenlang.

Der Punkt ist: Fast alles ist in Wirklichkeit viel zu differenziert, um es mit zwei, drei Schubladen erfassen zu können. Die gibt es ja nur, damit die EDV etwas zum Verarbeiten hat. Legen Sie sich bei diesen Kriterien also nur fest, wenn es absolut nicht anders geht. Mit »egal« entgeht Ihnen verlässlich nichts.

Die andere Gruppe der Suchkriterien, die asymmetrischen, ist weniger kritisch. Ist z.b. die örtliche Suche asymmetrisch, werden zwar Annabelle nur Männer aus Schleswig-Holstein vorgeschlagen, weil sie sich auf diese Region beschränkt hat, aber Ferdinand, der mittlerweile seine Suche auf 30- bis 50-Jährige und das im gesamten Bundesgebiet ausgeweitet hat, wird nun auf Annabelle aufmerksam gemacht. Bei asymmetrischen Suchkriterien genügt es, wenn der Raster für eine der beiden Seiten passt.

Welche Kriterien symmetrisch und welche asymmetrisch sind, wird von den Partnerbörsen nicht kommuniziert. Leider. Asymmetrische sind immerhin erkennbar, wenn Anschreiben von Personen einlangen, die nicht den eigenen Suchkriterien entsprechen. Leopold, 59, aus München, hat z.b. ein Problem, um das ihn vermutlich einige Männer beneiden werden:

Ich verstehe nicht, warum mich immer so junge Dinger anschreiben. Ich habe in meinen Suchkriterien angegeben, dass ich Frauen zwischen 50 und 60 suche. Ich brauche keine dritte Tochter (meine beiden Töchter sind etwa so alt wie die Frauen, die mich auf der Singlebörse anschreiben). Ich bin finanziell gut aufgestellt, groß, und man muss mich wirklich nicht verstecken. Ich hab am Tegernsee das Boot stehen, und mit meiner kleinen Piper bin ich schnell in der Provence, wo ich ein kleines Hobby-Weingut betreibe. Es geht mir also rundum gut. Ich will aber nicht allein altern. Den Sugardaddy für eine mittellose Studentin mache ich sicher nicht.

Das alles steht auch in Leopolds Profil. Bei einer 25-Jährigen, die einen deutlich älteren Mann sucht, kann davon ausgegangen werden, dass ein gewisser Versorgungsgedanke dahintersteckt. Und wenn das Mädel noch liest, dass ihr Auserwählter mit der eigenen Piper zum eigenen Weingut fliegt, wenn er nicht gerade den Tegernsee im eigenen Boot befährt, kann das den Herzschlag deutlich beschleunigen. So gesehen braucht sich der Mann nicht zu wundern: Er hat sich als perfekter Sugardaddy präsentiert und bringt nun die Ernte ein. Klüger wäre gewesen, etwas verhaltener mit den Besitz-Beschreibungen umzugehen. Wollte Leopold aber eine Garantie, dass ihm keine Vertreterinnen der Tochtergeneration schreiben, müsste er sich eine Partnerbörse wählen, bei der das Suchkriterium Alter symmetrisch definiert ist; diese Information zu erhalten, kann sich in der Praxis jedoch als recht schwierig erweisen.

(Meine geschätzte Co-Autorin ersucht an dieser Stelle um einen Einschub: »Was gibt es Schöneres, als die Dame mit einem AusFLUG in die Provence zu überraschen? Mit mir geht gerade die Fantasie durch, wie überaus romantisch Leopold dies gestalten könnte. Wenn also Beratungsbedarf besteht, lieber Leopold, dann bitte melden. Gerne auch, wenn die Richtige noch nicht aufgetaucht ist – ich bin zwischen 50 und 60. Aber nicht mehr lange!«)

Die praktischen Konsequenzen:
suchen, richtig suchen

Zugegeben, Leopolds Luxusproblem vorzustellen war einfach zu verlockend. Als Beispiel taugt es nämlich nur bedingt: Das generell größte Hindernis im harten Online-Dating-Alltag ist weniger, dass die Falschen, sondern einfach viel zu wenige schreiben. Aber keine Sorge, dagegen gibt es ein Rezept. Es lautet: Tun Sie es, und tun Sie es richtig.

Der erste Teil dieses Arbeitsauftrags richtet sich besonders an Frauen, da es immer noch mehrheitlich Damen sind, die an die Partnerbörse gehen, ihr Profil einrichten und dann gesittet Platz nehmen und darauf warten, dass sie zum Tanzen aufgefordert werden. Dieses Verhalten führt zu nichts. (Bei Huftieren ist es sogar regelrecht unnatürlich, wie uns ein echter Tiroler Senner namens Anton versichert: »Die Initiative geht immer von der Kuh aus.« Wer hätte das gedacht? Sieht es doch wirklich nicht danach aus, wenn so ein gestandener Bulle zu Werke geht. Der Anton aus Tirol ist in der Sache aber unbedingt glaub- und vertrauenswürdig.)

Wie sind wir darauf jetzt gekommen? Ach ja: Schreiben Sie! Ergreifen Sie die Initiative! Die Rede war von Teil eins eines Arbeitsauftrags, und das war völlig ernst gemeint. Erfahrungswerten zufolge dürfen Sie beim Anschreiben von Singles mit einer Antwortrate zwischen zehn und zwanzig Prozent rechnen, wobei Frauen eher bei zwanzig und Männer näher bei zehn liegen dürften. Wir sprechen hier von beinhartem Direct Marketing, Arbeit eben.

Bevor Sie zur Pflichtübung schreiten, gilt es freilich, die Zielgruppe ordentlich zu definieren – damit Sie es nicht nur tun, sondern richtig tun. Womit wir wieder bei unserem eigentlichen Kapitelthema wären, den Suchkriterien.

Die Grundregel ist klar: nicht zu eng fassen. Wir verweisen auf das trostreiche Finale von Kapitel 3: *Mann sollte 1,90 Meter messen, sportlich-athletisch gebaut sein, keine Haare (außer am Kopf) haben, eloquent, intelligent, mit Charme und Witz. Erhalten habe ich: 1,78 Meter, damals 113 Kilogramm, ach ja: mein Mann hat keine Haare – er hat ein Fell ;-). Der Rest hat jedoch gepasst. Was soll ich sagen: seit 9. 9. 2009 verheiratet und noch immer glücklich.* Von diesem hübschen Happy End lässt sich noch mehr ableiten, nämlich die geringe Bedeutung von Äußerlichkeiten, wenn zwischen zwei Menschen der Funke überspringt. Wenn sich daher manche Dating-Services nicht entblöden, Kriterien wie Haar- und Augenfarbe abzufragen, sollten Sie diese schlichtweg ignorieren – oder sich am besten gleich eine neue Partnerbörse suchen, bei der man sich nicht in einem Leni-Riefenstahl-Film wähnt. Auch das Sternzeichen sollte kein

Suchkriterium sein, ebenso wenig der Beruf oder Hobbys. Bei Letzteren sind Unvereinbarkeiten natürlich möglich – Metzger und Vegetarierin –, aber ausschließen können Sie ja jederzeit. Allerdings nur, wenn Sie einen Vorschlag bekommen haben.

Ungeachtet dieser Grundregel empfiehlt es sich aber, die Suchkriterien zum Experimentieren zu verwenden. Sie können diese ja beliebig immer wieder ändern. Ein bewährter praxisnaher Einstieg besteht etwa darin, mit dem absoluten Härtetest zu beginnen: Suchraster im ersten Durchgang auf Traumprinzen- bzw. Göttinnen-Niveau in minimaler Entfernung definieren. So erhalten Sie zum einen eine sofortige Information darüber, wie es um das Angebot quantitativ bestellt ist (natürlich auch im Vergleich mit einem anderen Anbieter). Zweitens beugen Sie so wirksam einem Überangebot vor – ein allzu üppig gedeckter Tisch kann insbesondere Buffet-Neulinge leicht überfordern.

Eine erste Vorselektion, um den Überblick zu bewahren, ist der nächste Schritt. Gehen Sie die Vorschläge durch, stöbern Sie im Singles-Katalog – und klicken Sie die weg, die Ihnen überhaupt nicht gefallen oder aus sonstigen Gründen nicht infrage kommen. Umgekehrt markieren Sie jene als Favoriten, die auf den ersten Blick besonders anziehend sind. Sollte das mangels ausreichender Kandidaten nicht sinnvoll möglich sein, beginnen Sie an den Suchkriterien-Stellschrauben zu drehen: Erweitern Sie zunächst den lokalen Suchradius, speziell wenn Sie auf dem Land zu Hause sind. Wenn das nicht genügt: Männer suchen bevorzugt nach jüngeren Partnerinnen, die logische Antwort ist also, die Altersspanne zu erweitern. In diesem Zusammenhang ist der Begriff des Schwellenwerts zu nennen: Es hat einen Grund, warum im Supermarkt alles Komma 90 kostet. 19,90 wirkt einfach deutlich günstiger als 20 Euro. Also geben Sie sich einen Ruck und suchen Sie statt bis 39 besser bis 42, statt bis 55 besser bis 61, es erhöht die Chancen signifikant. Zweitwichtigstes Männerkriterium ist die Figur – Sie wissen, was zu tun ist. Frauen wiederum wünschen sich bevorzugt große, erfolgreiche und, wenn es zu ihnen selbst passt, gebildete Partner. In Sachen Größe tritt wieder der Schwellenwert auf den Plan: Macht es wirklich einen Unterschied, ob Ihr prospektiver Partner 1,80 Meter misst oder 1,78 Meter, 1,70 oder 1,69 – abgesehen von der Zahlenoptik? Und was die Bildung betrifft: Vielleicht hat er ja keinen Uni-Abschluss, erweist sich aber dennoch als intelligent, belesen, wortgewandt, einfühlsam – Sie werden es nie erfahren, wenn Sie ihn durch zu eng gefasste Suchkriterien nie auf Ihren Computer-Bildschirm bekommen.

Und dann ist es geschafft: Sie haben es zu einer hübschen Kollektion an interessanten Menschen gebracht, mit denen Sie in Kontakt treten möchten. Spezialtipp von Gabriele Strasky an dieser Stelle: Machen Sie kein striktes Ranking, das Sie anschließend von Platz eins abwärts durchnehmen, sondern wählen Sie für die allerersten Kontaktversuche besser jemanden aus dem (unteren) Mittelfeld. Das hält die Erwartungen flach, verleiht dem Ganzen einen entspannteren Charakter und kann durchaus auch im Sinne eines Übungsdurchgangs gesehen werden.

Ganz egal, für wen Sie sich letztendlich für Ihre ersten Anschreiben entscheiden: Lesen Sie auf alle Fälle vorher weiter. Vor unseren Empfehlungen, wie erfolgreiche Kommunikation beim Onlinedaten funktioniert, haben wir hier ein Kapitel eingefügt, das Sie vor großem emotionalem und wirtschaftlichem Schaden bewahren wird.

Verliebt in einen Fake

Dass nicht nur seriöse, liebenswerte Singles auf Partnerbörsen nach der passenden Entsprechung für »bis dass der Tod uns scheidet« suchen, ist bekannt. Auch Kriminelle schätzen die Anonymität und internationale Reichweite dieser Plattformen. Uns hat aber trotzdem überrascht, wie viele Erfahrungsberichte wir zum Thema Fake-Profile, Betrug und Abzocke erhalten haben.

Zum barrierefreien Einstieg in das Thema die Erlebnisse von zwei betrogenen Frauen. Diese beiden Geschichten haben sich in Österreich zugetragen, laufen in nahezu identischer Form aber auch in Deutschland ab, der Schweiz und überall auf der Welt, wo Frauen online nach dem Mann fürs Leben Ausschau halten und Männer mehr suchen als ein rasches Abenteuer.

Heidi, 61, aus Klagenfurt, Kärnten: *Ich, eine selbstständige und aktive Frau, mobil, aber meist allein, bin einem Love-Scammer auf den Leim gegangen. Der Mann (er war etwas jünger als ich) war sehr nett, zunächst freundlich zurückhaltend. Er sah sehr gut aus! Das hat mir alles natürlich geschmeichelt und ich habe freundlich und verständnisvoll zurückgeschrieben. Er war Witwer und hatte einen zehnjährigen Sohn. Die Frau ist angeblich bei einem Autounfall ums Leben gekommen, und er wohnte in Stuttgart (mit Adressangabe).*

Nach und nach hat er angefangen, mich anzubaggern, was das Zeug hielt. Ich war sowas von naiv! Ich hatte ja keine Ahnung, was es alles gibt auf der Welt.

Plötzlich kam ein Hilferuf: »*Ich bin überfallen worden, man hat mir sämtliche Papiere und 40.000 Euro gestohlen! Ich sitze im Flughafengebäude und hoffe, in ein Hotel zu kommen. Ich bin völlig verzweifelt.*« *Ich hatte Mitleid, Mitleid, Mitleid ...*

Dann die Bitte, ihm Geld zu schicken. Doch, nur ein paar hundert Euro. Mit Money Market oder Western Union. In meiner Gutgläubigkeit habe ich 400 Euro überwiesen.

Dann großes Gejammere, weil der Pass weg sei und alle

Versicherungspapiere. Ich erteilte Ratschläge: Konsulat und Auswärtiges Amt usw. Schließlich ließ ich mich breitschlagen und zahlte noch einmal. Diesmal eine namhafte vierstellige Summe, weil er damit angeblich zurück nach Deutschland hätte reisen wollen und können. Natürlich gab es dann wieder Gründe dafür, dass dies nicht klappte.

Zwischenzeitlich habe ich einen Ausflug nach Stuttgart gemacht und siehe da, seine Wohnadresse (alles mit Fotos belegt, sah toll aus), die er mir genannt hatte, gab es gar nicht. Von dieser Exkursion sagte ich ihm nichts, spielte nun auch etwas mit.

Plötzlich kam eine Frohbotschaft: Ein großes Projekt in Ghana; für das er kurzfristig 36.000 Euro brauchen würde. Dieser Quatsch, verbunden mit der unglaublich unverschämten Geldforderung hat dann endlich bei mir den Schalter umgelegt.

Am nächsten Tag ging ich zum Betrugsdezernat in Darmstadt und gelangte an einen Beamten der mir auf einer Love-Scammer-Seite genau diesen Typen zeigte, mit dem ich zu tun hatte. Einmal war er Deutscher, einmal Kanadier, einmal Skandinavier. Und die ganze Korrespondenz mit seinen Opfern konnte man auch lesen. Immer die gleiche Masche. Die Polizei in Deutschland konnte nichts ausrichten, da sich der Mann in Afrika aufhielt (wenn es denn stimmt). Der Beamte sagte mir, er habe schon Fälle erlebt, wo Frauen bis zu 100.000 Euro bezahlt hätten.

Ich habe dem Betrüger dann natürlich schon ein paar passende Worte geschrieben. Der hatte danach sogar die Stirn zu behaupten, die Bilder wären echt und eine enttäuschte Verlobte von ihm hätte die Geschichte mit den gestohlenen Bildern der Polizei gemeldet. Ich solle ihm doch bitte glauben.

So habe ich mein Lehrgeld bei der Partnersuche im Internet bezahlt.

Heidi hat diese Geschichte und etliche andere, die sie während ihrer Partnersuche im Internet erlebte, in einem höchst unterhaltsamen Büchlein zusammengefasst. Darauf müssen wir einfach hinweisen. Es heißt »Internetluder«, ist von Heidemarie Ayling. Wenn Sie Anregungen für Rachefeldzüge suchen, die so richtig weh tun – in Heidis Buch finden Sie sie(zu bestellen direkt bei heidemarieayling@aon.at.).

Auch die nächste Geschichte endet mit einem gehörigen Fehlinvestment. Das Ende fanden wir aber sehr unterhaltsam. Sich an einem Love-Scammer mit Voodoo zu rächen, ist schon herrlich kreativ. Sicherlich bewirkt dieser Hexenzauber bei dem nigerianischen Iren auch mehr als eine polizeiliche Anzeige. So wichtig diese sein mag, Geld kommt über Anzeigen nicht mehr wieder.

Isa, 34, aus Korneuburg, Niederösterreich: *Bei mir meldete sich ein Ire namens Joe, der angeblich seit Kurzem in Österreich lebe und sich hier eine Existenz aufbauen wolle. Nach einigen netten E-Mails wollte ich mal mit ihm telefonieren. Er redete lange hin und her, warum das schwierig sei, schließlich aber rief er mich doch an – mit einer Vorwahl, die ich nicht kannte. Schon nach einigen Minuten wollte er das Gespräch beenden und wieder mailen. Das wunderte mich damals auch nicht. Auf meine Frage, ob wir skypen könnten, meinte er, er habe keine Webcam. Dann schlug ich ein Treffen vor, er war begeistert, meinte aber, dass er morgen nach Kuba fliegen werde, um irgendein Holzgeschäft zu machen, und dass wir uns danach gerne treffen könnten.*

Er schickte Fotos von Kuba, von sich am Strand, und er gefiel mir wirklich gut. Obwohl ich mich wunderte (Mahagonihandel auf KUBA?), schöpfte ich noch immer keinen Verdacht. Ein paar Tage später meldete er sich aus Nigeria – er müsse dort ebenfalls Holz abholen, jedoch es sei eine Katastrophe passiert, sein ganzes Bargeld wurde ihm bei einem Überfall gestohlen und er habe auch keine Kreditkarte.

Spätestens dann hätte ich ahnen müssen, dass da was nicht stimmt. Ich war jedoch so verliebt, dass ich ihm alles glaubte, zumal er mir dauernd Fotos schickte. Aber ich begann mehr nachzufragen – was für eine Firma das sei, die er habe (»Es gibt noch keine Website«), wo er in Wien wohne. Ich fuhr sogar zur Adresse hin, jedoch war dort niemand seines Namens. Er beschwichtigte mich dauernd, dass er mir nur irgendeine Adresse gesagt habe, weil dort auch sein Onkel lebt, der psychisch krank sei, und er schäme sich dafür usw. Als er mir endlich mailte, dass er nach Wien zurückkommt, fuhr ich zum Flughafen voll freudiger Erwartung. Ich wartete und wartete ... doch kein Joe kam.

Am nächsten Tag schrieb er, dass er am Flughafen durchgedreht sei, weil man ihn nicht ausreisen ließ, und er jetzt im Gefängnis sitzt. Ich schrieb darauf der irischen Botschaft in Nigeria und fragte sie, ob sich ein gewisser Joe ... bei ihnen gemeldet habe. Er hatte mir gesagt, dass er sie kontaktiert hatte, sie ihm jedoch nicht helfen konnten. Die Sekretärin schrieb mir ein sehr nettes E-Mail zurück mit dem Hinweis, dass es sich sicher um einen Betrüger handelt, da sie nichts von diesem Mann wüssten.

Ich hatte ihm auch schon Geld geschickt, zum Glück nicht so viel. Jedoch war ich so wütend, dass ich beim letzten Telefonat ihn nicht nur mit meinen Recherchen konfrontierte, sondern auch sagte, dass ich in Wirklichkeit eine Hexe bin und ihn verfluche, dass ihn das Pech verfolgen wird und er nie wieder glücklich sein wird. Da war er ziemlich stumm und legte auf. Das war mein einziger Triumph, denn ich wusste, dass in Afrika noch viele Menschen an Hexerei glauben.

Später fand ich dann noch über seinen (fake) Facebook-Account eine andere Frau in Deutschland, der genau dasselbe passiert war. Sie kam mich sogar einmal besuchen, wir machten Fotos von uns, auf denen wir wie zwei Furien aussehen, und schickten es an die Handynummer von Joe mit der Hoffnung, dass er diese empfängt. Jedenfalls hatten wir großen Spaß dabei!!«

Wer weiß, wie allgegenwärtig Voodoo in Nigeria ist, kann sich vorstellen, dass die Verhexungsaktion von Isa und ihrer Freundin dem Love-Scammer Joe hoffentlich Schrecken eingejagt hat. Es wird seinen »Job« deswegen nicht aufgegeben haben. Aber es tut gut, sich vorzustellen, dass er seinen Hausschamanen damit beauftragt hat, einen Gegenzauber für die europäischen Hexen zu entwickeln. Sponsored by Isa.

Einem Love-Scammer (auch Romance-Scammer; scam, englisch: betrügen) auf den Leim zu gehen, ist immer eine unangenehme Sache. Manchmal kommt es teuer. Weh tut es immer. Dabei beginnt es oft so zauberhaft: »Hi, how are you doing? You look so beautiful.« Es wird gesäuselt und komplimentiert, was das Zeug hält. Leider sind Love-Scammer aber nur das Online-Pendant zum traditionellen Heiratsschwindler. Häufig professionell organisiert und mit deutlich größerem Wirkungsgrad als das Gegenstück in der wirklichen Welt. Es ist ein simples Geschäftsmodell, das nach immer gleichem Muster abläuft: Der Kontakt wird hergestellt, eine emotionale Verbindung aufgebaut, Liebe versprochen, eine akute Notlage vorgegeben, abkassiert, Kontakt abgebrochen. Das, was für Frauen aus den wohlhabenden Industrienationen ein emotionales und oft auch wirtschaftliches Desaster darstellt, ist für die Männer aus westafrikanischen Ländern ein profitables Geschäft. Europäische Einsamkeit trifft afrikanische Perspektivlosigkeit.

Die Vorteile der Online- gegenüber den Offline-Heiratsschwindlern sind das geringe Risiko, entdeckt zu werden, und die nahezu unendliche Skalierbarkeit. Der Markt möglicher Opfer ist riesig. Meist stecken hinter den Love-Scammern keine Einzeltäter, sondern Organisationen wie beispielsweise die Nigeria-Connection. Schon in den Achtzigern des vorigen Jahrhunderts geisterten die nigerianischen

Betrugsbanden durch die Medien: Millionen Faxe (die E-Mail war damals schon erfunden, aber noch nicht massentauglich) wurden weltweit verschickt. Darin ging es meist darum, dass der Absender astronomisch hohe Summen (aus Erbschaften oder komplexen Geschäften) realisieren wolle. Würde der Angeschriebene einen vergleichsweise geringen Betrag zahlen, bekäme er für die Abwicklung einen Teil des Vermögens. Dieses Geschäftsmodell lief (und läuft auch heute noch) gut, und die Gauner aus Nigeria und Ghana entdeckten auf den Partnerbörsen eine neue Zielgruppe: liebeshungrige und deshalb teils erschreckend unkritische Singles. Auf diesen Plattformen wird seit einigen Jahren wirtschaftlich höchst erfolgreich das Bedürfnis nach Liebe bedient bzw. missbraucht. Und es wird richtig gut daran verdient.

Verlässliche Zahlen über Fake-Betrügereien auf Partnerbörsen gibt es nicht. Meist ist die Beschämung der Betroffenen zu groß, um den Betrug anzuzeigen, sich jemandem anzuvertrauen. Was will man den Kindern, Freunden oder den Ermittlungsbeamten denn auch sagen? Ich habe mich grenzenlos in jemanden verliebt, den ich noch nie gesehen habe, den es gar nicht gibt? Einem Fremden Tausende von Euros überwiesen, um ihm die Zollgebühren für den Koffer voll Diamanten vorzuschießen? Ich habe einem charmanten Afrikaner die Herzoperation seiner fünfjährigen Tochter finanziert? Es klingt alles so absurd. Und trotzdem fallen auch kluge, kritische, gebildete Menschen auf Love-Scams herein.

Irgendwie ist es nachvollziehbar, treten Love-Scammer doch als seriöse Geschäftsmänner auf, als Ärzte, Juristen, Staatsbeamte oder Militärangehörige höheren Ranges. Sie passen altersmäßig zu ihren Opfern, sind häufig verwitwet und schicken entzückende Fotos ihrer Kinder, Tiere und Häuser. Sie leben vorgeblich in Großbritannien, den USA, Kanada oder Australien.

Es gibt deutliche Hinweise darauf, dass es sich bei einer

Kontaktanbahnung um einen Love-Scam handelt. Spricht man mit Menschen, die Opfer wurden, hört man häufig »Ich hatte eine Ahnung«, »Manches war eigentümlich«, »Ein wenig Misstrauen war da«. Doch man hört auch »Es hat mir so gutgetan«, »Endlich war da jemand ehrlich an mir interessiert«, »Ich war so glücklich, fühlte mich nicht mehr einsam«. Die tiefe Sehnsucht des Menschen nach Liebe, Zuwendung, gemeinsamem Altwerden setzt jedes kritische Denken außer Kraft.

Beim Online-Daten ist grundsätzlich immer und in jeder Phase Vorsicht geboten. Ohne dabei paranoid zu werden. Wichtig ist, rasch zu erkennen, mit wem Sie es zu tun haben. Emotional gar nicht erst hineinzutappen in das verlockende Bild, welches Betrüger für Sie malen. Den Guten eine Chance geben, die Bösen sofort eliminieren. Es gibt unzweifelhafte Hinweise, an denen Sie leicht festmachen können, ob der Prinz ein Prinz ist oder dahinter eine geldgierige schleimige Kröte steckt. Ob die Prinzessin Sie aus Liebe umwirbt oder nur ihr Haushaltsgeld merklich aufbessern möchte.

Wenn Ihnen einige der folgenden Faktoren in Kombination begegnen, müssen Ihre Alarmglocken anschlagen (wobei die allgemeingültige Messlatte für jeglichen Wahrheitscheck auch in diesem Zusammenhang hilfreich ist: Scheint etwas zu gut zu sein, um wahr zu sein, dann ist es zumeist nicht wahr):

- Fotos von attraktiven Männern in Uniform (verifizieren Sie das Foto möglichst über die Bildersuche mit Google oder Apps wie beispielsweise TINEYE.COM)
- Nachrichten in Englisch oder recht ungelenkem Deutsch (mit Länderdomains .de, .at, .ch)
- Auch außergewöhnlich lange Erstnachrichten ohne Bezug zu Ihrem Profil sind verdächtig. Geben Sie Passagen der Texte in eine Suchmaschine ein. Oft findet man diese dann in Foren wieder, in denen Opfer von Love-Scams sich austauschen

- Das unerwartet rasche Eingeständnis grenzenloser Liebe und ernsthafter Heiratsabsichten
- Die Verweigerung eines persönlichen Treffens mit immer neuen Ausreden
- Detaillierte Beschreibungen von beeindruckendem Besitz (mit Fotos) und Einkommen
- Wenn trotz vieler Informationen (Name, Wohnort, Beruf, E-Mail-Adresse, Telefonnummer etc.) das Internet so gar nichts ausspuckt, was irgendwie passen könnte
- Druck, rasch auf alternative Kommunikationsmedien wie Foren oder Mails zu wechseln
- Wenn bei Skype-Calls der andere seine Webcam niemals aktiviert, von Ihnen aber fordert, sich zu zeigen. Als Grund für die deaktivierte Kamera werden technische Probleme oder Sicherheitsbestimmungen des Arbeitgebers bzw. der Location vorgeschoben. Manche Scammer bringen Frauen sogar dazu, sich freizügig zu zeigen. Diese Fotos werden später dann als Druckmittel eingesetzt.
- Telefonvorwahlnummern oder E-Mail-Adressen, die nicht zu den Ländern passen, in denen die Männer oder Frauen vorgeblich leben
- Ein Akzent, der eher auf einen Afrikaner als einen Briten, Kanadier etc. hinweist
- Nach intensivem Austausch, in dem es nur um Liebe und gemeinsame Zukunft geht, folgen unvermittelt mehrtägige Kontaktpausen
- Nach der Kontaktunterbrechung Nachrichten wie: Ich wollte dich damit nicht belasten kommen. Ich habe aktuell Probleme. Meine Sorgen sollen unsere Beziehung nicht beeinträchtigen etc.
- Wenn Sie gebeten werden, einen offiziellen Einladungsbrief (für einen Visaantrag, eine Einreisebewilligung etc.) auszustellen

- Sobald Kopien von persönlichen Dokumenten gefordert werden. Begleitet wird dies mit der Begründung, der Scammer wolle ein gemeinsames Konto eröffnen oder er bräuchte die Dokumente, um zu prüfen, ob der Übertrag eines Erbes möglich wäre. Gerne wird in dieser Phase auch schon vollmundig von der Eheschließung gesprochen, für deren rechtliche Prüfung persönliche Dokumente erforderlich wären

- Die Darstellung kritischer Notsituationen (mit Eltern, Kindern, Geschäften, Reisen etc.), die dadurch gelöst werden können, dass ein bestimmter (zunächst meist nicht sehr hoher) Geldbetrag überwiesen wird

- Vertrauen Sie keinen Belegen, die Ihnen als Beweise geschickt werden (Flugtickets, Arztbestätigungen, Bankbelege etc.). Sie sind gefälscht

- Besonders beliebt sind Schauergeschichten von Überfällen bei Geschäftsreisen in Drittländer, bei denen Geld und Papiere abhandengekommen sind. Es kann sich auch schon um die Anreise zur Allerliebsten handeln. Dadurch wird der Druck zu helfen noch verstärkt. Die oder der Zukünftige in Europa möge doch freundlicherweise die Krankenhauskosten übernehmen oder die Anreisekosten vorfinanzieren

- Wenn Sie gebeten werden, Päckchen zu übernehmen, weiterzuleiten oder Schecks, die Ihnen geschickt wurden, einzulösen. Sie wissen nicht, was in dem Päckchen steckt und könnten versehentlich zum Drogenboten werden. Auch Teil eines Geldwäscherings zu werden, kann Sie – in Haft sitzend – monatelang vom Online-Daten abhalten

- Emotionaler Druck, der plötzlich ausgeübt und ständig verstärkt wird. (Das Leben meines Kindes hängt von dir ab/Ich bin schwer verletzt/Man steckt mich ins Gefängnis etc.) Seien Sie versichert: Niemand stirbt, nur weil Sie bei Western Union nichts einzahlen. Und wenn der

Hilferufende ins Gefängnis wanderte, wäre der Single-welt gedient

- Ungefragt kommt der treuherzige Hinweis, man wisse um Betrüger im Internet, gehöre aber selbstverständlich nicht dazu. Man sei einfach ein Mann in Not, dem nur Sie helfen könnten
- Sobald Sie kritische Fragen stellen, wird der Scammer seine Ehrlichkeit und Seriosität beleidigt betonen. Er droht mit einem Abbruch der Beziehung. Sie bietet an, (gefälschte) Papiere zu schicken, die ihre Behauptungen belegen
- Besuchsankündigungen, die kurzfristig an fehlender Liquidität scheitern und mehrfach verschoben werden
- Geldforderungen, wie hoch und wofür auch immer, sind eine absolut unwiderlegbares Indiz für einen Love-Scam. Egal ob Sie auf ein Bankkonto einzahlen oder Bargeld per Western Union, MoneyGram oder ähnlichen Diensten schicken sollen
- Verlieren Sie die Nerven und wehren sich oder drohen mit rechtlichen Schritten, wird der Kontakt plötzlich abgebrochen. Sie hören nie wieder von ihr oder ihm. Wenn Ihnen bis dahin noch kein Schaden entstanden ist, suchen Sie die nächstgelegene Kirche auf und beten ein Vaterunser

Katharina Braun, Juristin in Wien und häufig mit solchen Vorfällen betraut, weist darauf hin, dass »gerade nach einer Trennung sich die meisten Menschen nach einem neuen Liebesglück sehnen. In einer solchen Phase, in welcher viele von den Turbulenzen rund um die Trennung geschwächt sind, ist die Gefahr, dass man auf einen Blender, einen Betrüger verfällt, besonders groß«.

Braun ergänzt unsere Hinweise noch mit folgenden Empfehlungen:

- Geben Sie kein Geld, keine Darlehen, keine Bürgschaften. Um ihre Opfer in falsche Sicherheit zu wiegen, borgen sich viele Betrüger oft am Anfang nur kleinere Beträge aus, die sie dann auch gleich zurückgeben. In weiterer Folge bitten sie um größere Beträge, die jedoch dann nicht mehr zurückbezahlt
- Es gibt im Internet Foren über Heiratsschwindler, Romance-Scammer. Wenn Ihnen eine Person verdächtig vorkommt, geben Sie dort den von dieser Person verwendeten Namen ein, vielleicht finden sie den Namen hier
- Wurden Sie Opfer eines Liebesbetrügers ist von Eigeninitiativen à la »Ich stelle jetzt das Foto des miesen Betrügers ins Internet, damit ihn alle sehen,« abzuraten. Dies kann Rufschädigungsverfahren und andere rechtliche Unannehmlichkeiten mit sich bringen. Zum Beispiel wenn es die Person des Fotos eben gibt, aber dieses von einer anderen fälschlich verwendet worden ist. Dann wäre die »echte« Person durch die Prangerstellung in ihren Persönlichkeitsrechten, in ihrer Ehre verletzt
- Geben Sie keine Vollmachten, auch nicht für ein gemeinsames Konto (derartiges sollte einer bereits seit längerem bestehenden Beziehung vorbehalten sein), denn die Vollmachten werden oft verwendet, um mit diesen betrügerischen Handlungen zu setzen

Von außen betrachtet ist kaum vorstellbar, wie leichtgläubig Frauen anspringen, gibt man ihnen das Gefühl, geliebt und geachtet zu werden. Sich vorzustellen, wer die Männer sind, die Herzen dazu bringen, Purzelbäume zu schlagen, und Frauen dazu, ihre Pensionsvorsorge aufzulösen, mag dazu beitragen, der Situation den vermeintlichen Zauber zu nehmen: junge Afrikaner, manche fast noch Kinder, vorwiegend aus Ghana und Nigeria. Ungebildet, mittellos, sozial desolat, hocken in Shorts und abgerissenen Shirts in Internetcafés herum. Die geringen Gebühren für die Nutzung des Internet pumpen oder stehlen sie sich irgendwie zusammen. Zumindest zu Beginn ihrer Karriere als Love-Scammer. Doch mit jedem gelungenen Betrugsversuch wird das Leben etwas bequemer für sie.

Sakawa nennt man in Ghana Internetbetrug, der de facto unter Aufsicht von Schamanen institutionalisiert betrieben wird. Um zu verstehen, was Schamanismus mit dem Internet zu tun hat, muss man wissen, dass Schamanen in den Gesellschaften Westafrikas nach wie vor eine wichtige Rolle spielen. Entscheidungen werden häufig mit ihrer Hilfe getroffen. Schamanen, die als Priester und/oder Medizinmänner wirken, sorgen für gute Geschäfte. Naheliegend also, dass Love-Scammer sich deren Segen holen. Die Schamanen wiederum verdienen gutes Geld an ihren Beratungsleistungen. Geld, das seinen Ursprung bei Erika aus München, Susi aus Wien oder Renate aus Bern hat.

Hätte Ratio auf Partnerbörsen mitzureden, es gäbe den Love-Scammer-Markt einfach nicht. Doch die Vernunft ruht, während Emotio lautstark »Hier!« ruft. Die Sehnsucht nach Nähe, Liebe, Beziehung bildet ein gefährliches Vakuum. Wenn dann ein Mensch scheinbar all das zu erfüllen verspricht, tut das Vakuum, was jedes Vakuum täte: Es saugt gierig an, was immer sich rundum auftut. Umgelegt auf Erika, Susi und Renate: Sie wollen so fest glauben, dass wahr ist, was gesagt und versprochen wird, dass das Trugbild zur realen Zukunft wird. Dafür tun sie alles, was von ihnen verlangt wird. Weil dann werden sie glücklich sein. Und nie wieder einsam.

Um zu verhindern, dass Sie auf einen Love-Scammer hereinfallen, bleiben Sie kritisch und wachsam. Prüfen Sie Kontakte, die Merkmale aufweisen, die wir oben angeführt haben, ehrlich und kritisch. Machen Sie sich nicht vor, was nicht ist. Googeln Sie Fotos und Namen Ihres Kontakts, kombinieren Sie die Suche mit Textpassagen der Nachrichten, die Sie erhalten haben. Möglicherweise finden Sie heraus, wer dahintersteckt. Ziehen Sie die Notbremse beim leisesten Verdacht. Je länger Sie zuwarten, umso schwieriger wird es.

Und was, wenn es trotzdem geschehen ist?

Sichern Sie sofort alle E-Mails, Chatverläufe, Screenshots von Fotos, also alles, was mit dem Scam zu tun hat (Überweisungsbelege, Empfangs- und Versandbestätigungen etc.), extern auf einem Datenstick, einer DVD oder externen Festplatte. Danach alles (auch die E-Mail-Adresse) vom Rechner restlos und dauerhaft löschen.

Lassen Sie Ihren Rechner sicherheitshalber überprüfen. Oft kommt mit den Scam-E-Mails Malware (Schadsoftware wie Viren, Trojaner etc.) mit, die alles Mögliche mit Ihrem Rechner anstellen kann.

Melden Sie der Partnerbörse den Betrug. Prüfen Sie, ob sofort darauf reagiert und das Profil gelöscht wurde.

Melden Sie den Betrug unbedingt der Polizei. Nicht, weil davon auszugehen wäre, dass der Love-Scammer ausgeforscht wird und Sie Ihr Geld zurückbekommen. Das wird so nicht sein. Die polizeiliche Meldung ist wichtig, da Sie sich dadurch vor strafrechtlichen Schritten schützen, die möglicherweise gegen Sie unternommen werden. Geldtransfers könnten als Schwarzgeldwäsche interpretiert werden und eingelöste Schecks als Scheckbetrug. Beides Situationen, die Sie sich zu all dem finanziellen und emotionalen Schaden, den sie erlitten haben, nicht auch noch wünschen.

Schämen Sie sich nicht! Gehen Sie an die Öffentlichkeit, reden Sie über Ihre Erfahrungen; wenn Sie sie als sehr schlimm erlebt haben, auch mit einem Therapeuten.

Noch ein Hinweis: Deutsch ist die beste Waffe gegen Love-Scammer. Weigern Sie sich, auf englische Anfragen einzugehen oder von Deutsch plötzlich auf Englisch zu wechseln, ist der Zauber sofort beendet. So weit, dass die Betrüger vor den Attacken Deutschkurse besuchen, sind wir glücklicherweise noch nicht.

Den Gender-Gap zwischen Frauen und Männern gibt es auch bei Love-Scams. Tendenziell sind zwar insgesamt etwas mehr Männer auf Partnerbörsen zu finden als Frauen. Doch Frauen sind im Durchschnitt anfälliger für emotionale Ausnahmezustände und werden so leichter zu Opfern. Die Summen, die Frauen an Love-Scammer in Einzelfällen zahlen, liegen deutlich über denen, die Männer sich herauslocken lassen. Aus Großbritannien liegen dazu zwar nicht aktuelle, aber verlässliche Zahlen vor. Monica Whitty, Professorin für Zeitgenössische Medien an der Uni Leicester, hat dort Untersuchungen zu Love-Scams betrieben. Im Beobachtungszeitraum von April 2010 bis April 2011 meldeten 592 Singles Love-Scammers. 203 von ihnen überwiesen jeweils mehr als 5.000 Pfund, das sind knapp 5.700 Euro. Da die Dunkelziffer bei Love-Scam-Fällen extrem hoch ist, schätzt Whitty die Gesamtopferzahl in Großbritannien auf etwa 230.000 pro Jahr. Es werden in Relation zur Gesamtbevölkerung in Deutschland, Österreich und der Schweiz nicht weniger Singles den Love-Scammern auf den Leim gehen. Dem FBI sind für 2011 rund 50,3 Millionen Dollar gemeldet worden, die US-Bürger an afrikanische Romance-Scammer transferiert haben. Die Opfer waren zu rund 80 Prozent weiblich und überwiegend über 40 Jahre alt. Das FBI erhob auch vor drei Jahren wieder die angezeigten Schadensummen, die durch Love-Scammer in den USA verursacht worden waren. 2014 war das Schadensvolumen in den USA bereits auf 160 Mio. USD angestiegen.

Die Forschergruppe um Whitty hat sich in der Studie auch mit der Psyche der Opfer beschäftigt. Zusammengefasst ergibt sich für sie folgendes Bild: »Menschen mit starker romantischer Überzeugung haben ein größeres Risiko,

Opfer von Scammern zu werden. Vor allem jene Menschen, die zur Idealisierung ihres Partners neigen. Viele der weiblichen Opfer wurden in früheren Beziehungen schon ausgenutzt. Entscheidend für die Opfer war, dass der Scammer sie bedingungslos angehimmelt hat.«

Das Gegenstück zum männlichen Love-Scammer aus Ghana und Nigeria ist der weibliche Love-Scammer aus Osteuropa oder Russland. Diese Frauen geben sich als Lehrerinnen, Studentinnen oder Krankenschwestern aus. Sie appellieren an den Beschützerinstinkt des Mannes. Sie bieten sich optisch völlig anders an als männliche Scammer. Fotos mit Kindern an der Seite, mit Haustieren oder im Businesslook finden sich bei Betrügerinnen kaum. Was gezeigt wird, ist Schönheit, Jugend und häufig viel Haut. Es wird also davon ausgegangen, dass diese Merkmale Männer in Richtung Spendierfreudigkeit bewegen. Und häufig ist es dann ja auch so. Die Betrugsmasche läuft ab wie bei weiblichen Opfern: anlocken – abhängig machen – abkassieren.

Kaum ein Mann, mit dem wir gesprochen haben, der noch keine Love-Scam-Erfahrung gemacht hat. Es hat den Eindruck, dass sie anfänglich auch nicht kritischer sind als Frauen. Doch wenn es um erste Geldforderungen geht, schaltet sich bei Männern rascher als bei Frauen das Hirn wieder ein und verhindert große finanzielle Schäden. Das bestätigen auch die Forschungsergebnisse von Whitty.

Wie Love- oder Romance-Scams durch Frauen umgesetzt werden, beschreiben die folgenden Episoden:

Christian, Luzern, 37: *Einmal erhielt ich eine Anfrage einer äußerst hübschen Schwarzafrikanerin, welche angab, in London zu leben und Fotomodell zu sein. Sie kam schnell zur Sache und sagte Sachen zu mir, welche noch keine Europäerin zu mir gesagt hatte.*

Zunächst telefonierten wir, nach einigen Wochen vereinbarten wir, dass ich sie in London besuchen soll. Am nächsten Tag teilte sie mir mit, dass ihre Mutter plötzlich er-

krankt und sie nach Accra geflogen sei. Mir schwante sofort ein Nigerian-Scam und ich teilte ihr mit, dass ich auf keinen Fall Geld senden werde. Sie antwortete, dass sie mein »Scheißgeld« nicht brauche.

Daraufhin begann ich, etwas über sie zu recherchieren, fand ihr Profil auf Facebook und checkte ihre Freunde. Darunter war auch ein Österreicher. Ich nahm mit ihm Kontakt auf, und er gab an, dass sie versucht hat, Geld von ihm zu ergaunern.

Darauf checkte ich ihre Fotos auf tineye.com und fand heraus, dass die Bilder einer nigerianischen Schauspielerin zuzuordnen sind, welche in Ghana ein bekannter Star ist.

Ich schrieb die Schauspielerin auf Facebook an. Sie antwortete nicht. Aber das Profil meiner »Freundin« war daraufhin gesperrt. Auch auf TWOO war sie gesperrt. Daraufhin angesprochen, erfand sie plausible, glaubhafte Gründe, warum das passiert sei.

Sie ersuchte mich über mehrere Wochen hindurch, ihr Geld zu schicken, indem sie meine Gefühle ansprach und versuchte, in mir ein schlechtes Gewissen zu erzeugen, weil ich sie im Stich lasse. Sie tat das sehr geschickt, doch ich schaffte es, hart zu bleiben. Sie ersuchte mich auch, selbst nach Ghana zu kommen, um mich mit eigenen Augen zu überzeugen ...

Schließlich gab sie auf.

Ich erhielt auch Anfragen von Frauen aus den USA. Alle waren sehr erfolgreich. Das Schema war meist dasselbe. Sie nahmen Kontakt mit mir auf und teilten mir nach einigem Schriftwechsel mit, dass sie mich lieben. Nun würden sie in Asien Waren einkaufen wollen und am Rückweg bei mir vorbeischauen, um mit mir Sex und »Erfüllung« zu haben. Doch es kam immer etwas dazwischen, warum ich ihnen Geld nach Asien schicken sollte. Sei es, dass sie Ausfuhrsteuer zahlen mussten oder unerwartet Geld als Sicherstellung brauchten etc.

Alle Frauen forderten über kurz oder lang Geld.

Die Geschichten von Christian zeigen, dass auch Männer bei ihrer Online-Partnersuche regelmäßig mit Betrugsversuchen zu tun haben. Hinter diesen Kontakten stecken häufig osteuropäische Banden, die ausschließlich Männer »bedienen«. Es scheint aber, dass im Osteuropa viele Frauen auch »auf eigene Kasse« arbeiten. Es gibt diese Personen, auch wenn sie sich eine fremde Identität zulegen, tatsächlich. Das ist der Unterschied zum kriminellen Vorgehen der nigerianischen und ghanaischen Gruppierungen, wo bezahlte Agenten unzählige Fake-Profile betreiben.

Love-Scamming ist Betrug und demnach strafbar. Doch da die Scammer in Ländern operieren, die weitab unserer Gerichtsbarkeit liegen, werden sie kaum jemals belangt oder gar gefasst. Ein Rechtshilfeersuchen mit Nigeria ist nicht unbedingt erfolgversprechend. Zur Sicherheit also nochmals laut und ganz deutlich:

Zahlen Sie niemals, niemals auch nur einen einzigen Cent!

Sie sehen ihn nie wieder. Versprochen!

Von etwas, das jetzt nicht direkt ins Fach Betrug fällt, aber mehr oder weniger listige Täuschung ist, berichtete uns Lorenz aus Bonn:

Ich bin 55, beruflich erfolgreich und sehr fit. Bei meiner zukünftigen Partnerin ist mir wichtig, dass sie kein Hausmütterchen ist, sondern auch selbst auf eigenen Beinen steht. Vor einigen Monaten habe ich mir ein ELITEPARTNER-Profil zugelegt und überraschend viele Zuschriften bekommen. Etliche Frauen habe ich auch getroffen. Was mir unangenehm aufgefallen ist, war, dass kaum eine von ihnen durchgehend ehrlich war. Beim Alter und der Figur bin ich nachsichtig. Ich akzeptiere, wenn Frauen sich ein paar Jahre jünger machen – solange sie dann auch so aussehen. Und ich brauche keine Modelmaße. Da ich mich aber nicht als Erhalter meiner Zukünftigen sehe, ist mir der Aspekt der wirtschaftlichen Selbstständigkeit hingegen sehr wichtig. Aus diesem Grund habe ich selbst auch nur Frauen ange-schrieben, deren Berufsangaben dies vermuten ließen. Bei jeder Zweiten, die ich dann kennenlernte, stellte sich aller-dings heraus, dass sie mehr oder weniger doch nur einen Versorger suchte. So hatte beispielsweise die Unterneh-mensberaterin kaum Aufträge, die Architektin machte ab und an Statikberechnungen für Architekturbüros und die Autohausinhaberin war grad damit beschäftigt, ihren Kon-kurs abzuwickeln. In ihren Profilen hingegen stellten diese Frauen sich als selbstständig und durchaus erfolgreich dar. Mittlerweile bin ich so frustriert, dass ich meine Mitglied-schaft nicht verlängern werde.

Lorenz' Geschichte ähnelt vom Ergebnis her der von Le-opold, die wir in Kapitel 5 vorgestellt haben. Also fragten wir Lorenz, wie er selbst sich in seinem Profil beschrieben hat. Er definierte sich darin als erfolgreichen Unternehmer in den besten Jahren. Kein Wunder, dass er viele Zuschrif-ten bekam, kein Wunder auch, dass Frauen ihn durchaus als ökonomische Verlockung gesehen haben dürften. Ver-hindern lässt sich dies nie ganz, doch Mann kann im Profil schon etwas entgegenwirken. Wem es wichtig ist, sich als erfolgreich (wohlhabend liest man auch gelegentlich, das ist noch einladender) zu bezeichnen, der sollte das Freitextfens-ter dann zumindest für einen klaren Hinweis darauf nutzen, dass er keine Erhaltungsverpflichtungen für seine zukünfti-ge Partnerin übernehmen wird. Ohne Augenzwinkern und ohne einen Zweifel an dieser Haltung aufkommen zu lassen. Es ist einen Versuch wert und wird die ein oder andere Frau auf der Suche nach ihrem Sugardaddy einsehen lassen, dass sich ein Kontakt für sie nicht »rechnet«.

Es wird betrogen, in der realen Welt ebenso wie in der virtuellen. Jetzt, in der Zukunft und in der Vergangenheit.

Der deutsche Dichter Johann Gottfried Seume machte sich Anfang des 19. Jahrhunderts zu Fuß nach Sizilien auf. Daraus entstand das Buch »Spaziergang nach Syrakus«. Und darin liest sich über Betrug: »Betrügen und betrogen werden, nichts ist gewöhnlicher auf Erden«. Verhindern lässt Betrug sich nicht. Doch mit etwas Vorsicht, etwas kritischer Betrachtung, erkennt man zumindest rascher, wenn andere einem Böses wollen. Und das würden wir beim Online-Dating schon als Erfolg verbuchen.

KAPITEL 6

Loveletters in the Sky. Oder: wie schaffen Sie mit Texten Aufmerksamkeit?

Glückwunsch. Sie sind schon weit gekommen. Ihr Profil ist angelegt, die Suchkriterien sind definiert. Sie haben sich für eine kostenpflichtige Mitgliedschaft angemeldet, die AGB gelesen und Ihren Vertrag sicherheitshalber per Ablauf der Vertragsdauer bereits wieder gekündigt.

Jetzt kommt Folgendes auf Sie zu:

- Es werden Ihnen Partnervorschläge geschickt
  und
- Sie erhalten Kontaktanfragen von anderen
  oder
- Sie spielen auf LoveScout24 eine Runde Date-Roulette ... machen sich an den Icony-Fragenflirt ... setzen sich ins Zoosk-Date-Karussell (entgegen unserer Empfehlung) ... oder nutzen sonst eine der unzähligen Online-Möglichkeiten, sich der Partnersuche auf spielerische Art zu nähern.

Üblicherweise erlebten Partnersuchende diese Phase des Online-Datings als spannender denn die Einstiegsübungen, die vorher zu absolvieren waren. Sie freuen sich auf Begegnungen, sind neugierig darauf, wer wie auf das endlich fertige Profil reagiert oder welche Singles vorgeschlagen werden. Hatten Sie beim Anlegen Ihres Profils, beim Beantworten der vielen Fragen oder der Auswahl passender Fotos keine Frustattacken – jetzt kommen diese garantiert auf Sie zu. In Form von unbeantworteten Kontaktanfragen, kommentarlosen Absagen, zu geringem Interesse oder komischen Typen, auf deren Interesse Sie gerne verzichten würden. Doch da müssen alle durch. Kein Anlass für emotionale Trauergipfel. Es ist online bei der Partnersuche nicht viel anders als offline. Idioten gibt es hier und dort. Menschen, die sich nicht zu benehmen wissen ebenso. Aber es gibt auch die Anderen. Die, nach denen wir uns sehnen.

Zu Beginn unserer inhaltlichen Tipps ein wichtiger Hinweis: Legen Sie sich unbedingt – wenn Sie das nicht ohnedies schon bei Ihrer Anmeldung auf der Partnerbörse getan haben – eine anonymisierte E-Mail-Adresse zu. Verwenden Sie niemals Ihre »richtige« E-Mail-Adresse. Und besorgen Sie sich ein Prepaid-Handy mit einer Nummer, die Sie für private oder geschäftliche Zwecke nicht nutzen. Wahren Sie Ihre Anonymität so weit dies möglich ist und verwenden Sie nur Kontaktkanäle, die Sie notfalls deaktivieren können. Es wird beim Online-Dating recht rasch auf direkte Kommunikation außerhalb der Partnerbörsen umgestiegen. Auf E-Mails, WhatsApp und Telefonate. Wenn Sie dem Falschen vorschnell Ihre richtige Telefonnummer und Ihre echte E-Mail-Adresse gegeben haben, kann es zu langwierigem Stalking kommen, wenn Sie ihn verabschieden, er dies aber nicht akzeptieren will. Hotmail-Adressen und Prepaid-Nummern sind dann rasch deaktiviert. Die Handynummer oder E-Mail-Adresse, die Sie seit Jahren verwenden, aufzugeben wenn Sie belästigt werden, tut weh und verursacht viel Aufwand. Die Gefahr, dass Ihre echte Identität aufgedeckt wird, ist umso größer, je aktiver Sie in unterschiedlichen Social Media sind. Überall schwirren Informationen, Fotos,

Beiträge, Produktbewertungen etc. über Sie und von Ihnen herum. Aus diesen Puzzles lässt sich – in Kombination mit dem, was Sie auf einer Partnerbörse von sich preisgeben – recht leicht herausfinden, wer Sie im wirklichen Leben sind. Seien Sie also vorsichtig!

Nachdem alle Vorarbeiten erledigt sind, können Sie abwarten und beobachten, was nun auf der Partnerbörse geschieht. Anfangs ist immer viel Trubel um neue Profile. Sie werden zahlreiche Besuche auf Ihrer Profilseite registrieren. Klüger als auf den mutigen Prinzen auf seinem stolzen Ross zu warten, ist es allemal selbst aktiv zu werden. Vor allem Frauen sei etwas mehr proaktives Verhalten angeraten. Schütteln Sie ab, was Ihre Mütter und Großmütter Ihnen mitgegeben haben mögen. Frau wartet heute nicht mehr sittsam darauf, dass ein Mann sie anspricht und um den nächsten Tanz bittet. Frau wählt selbst aus und geht offensiv in die Partnersuche. Warten und Hoffen wären fehl beim Online-Dating. Nehmen Sie Kontaktanfragen, die eingehen, mit Neugierde entgegen, aber suchen Sie sich aus dem Büffet vor dem Sie jetzt nach Einstieg in eine Partnerbörse stehen, eigenhändig aus, worauf Sie Appetit haben. Beginnen wir also damit, wie Sie Ihre Favoriten kontaktieren können.

Sie setzen den ersten Schritt

Sie haben die Möglichkeit, jemanden »anzulächeln«, Smileys zu verschicken, eine Nachricht zu schreiben, Komplimente zu machen, Spaßfragen zu stellen (auf PARSHIP). Sie können aber auch einfach nur das Profil eines anderen Singles besuchen. Da dieser (außer Sie ändern die Grundeinstellungen auf »anonym surfen«) über Ihren Besuch informiert wird, kann dies allein schon zu einer gewissen Neugierde und einem Gegenbesuch auf Ihrer Profilseite führen. Bei unseren Testläufen auf unterschiedlichen Partnerbörsen haben wir mit dieser zeit- und energieschonenden Vorgehensweise recht gute Erfahrungen gemacht.

Wenn Sie es ernst meinen mit Ihrer Partnersuche, nutzen Sie auf gar keinen Fall die automatisierten Kontaktmöglichkeiten. Also keine Clicks auf »gefällt mir«, keine Kompliment-Automatik und keine doofen Smileys.

Markus, 51 aus Bludenz, ist seit sechs Monaten online auf der Suche nach einer Frau. Er ist frustriert, weil er so wenig Resonanz auf seine Kontaktversuche bekommt.

Was er tut, beschreibt Markus so: *Ich bin kein großer Flirter. Außerdem fehlt mir die Zeit, irgendwo rumzuhängen, um Frauen kennenzulernen. Also habe ich mir ein Online-Profil zugelegt. Aber die Zeit, dass ich allen Frauen, die scheinbar interessant sind, umfassende Nachrichten schreibe, habe ich nicht. Ich drücke Kompliment- und Like-Buttons zu einem Teil ihrer Profilangaben und ich schicke ein Lächeln, dort wo es möglich ist. Ich dachte, das signalisiert, dass ich ihr Profil geprüft habe und sie kennenlernen will. Doch irgendwie klappt das nicht. Ich komme auf eine Reaktionsquote von weniger als fünf Prozent.*

Effizienz, wie Markus sie betreibt, wird ihm nicht auf Wolke sieben verhelfen. Er signalisiert keineswegs, dass er sich mit den Profilen der Damen auseinandergesetzt hat, wie er meint. Wer keine Zeit hat, sich mit Online-Dating ernsthaft zu beschäftigen, wird scheitern. Was gemeinsam mit Markus' Lächeln bei der Angelächelten ankommt, ist geringes Interesse und wenig Ernsthaftigkeit. Er fällt in die Kategorie »Schleppfischer«. Darunter verstehen wir Männer (aber auch Frauen), die mit möglichst geringem ökonomischem Aufwand einen möglichst hohen Ertrag einfahren wollen. Partnersuche klappt so aber nicht. Die von uns befragten Online-Dater haben uns bestätigt, dass Kontakt-

Quickies überhaupt nicht gut ankommen. Zwei Drittel von ihnen reagieren gar nicht erst darauf. Angeschriebene wollen das Gefühl haben, aus einem besonderen Grund kontaktiert worden zu sein. Ob es ein spezielles Lieblingsbuch ist, ein wohlüberlegter »Ich über mich«-Text, eine pfiffige Antwort auf eine der vielen Fragen etc. Sie wollen nicht kontaktiert werden, nur weil sie eben Mitglied auf derselben Plattform sind. Ihre Autorin hatte in der realen Welt kürzlich ein analoges Erlebnis: Sie saß mit Freundinnen in einer Bar. Plötzlich trat ein Mann an den Tisch und fragte in die Runde: »Hat eine der Damen Lust, sich von mir an der Bar einen Drink spendieren zu lassen?«. Keine der Damen hatte, da keine von ihnen sich konkret angesprochen fühlte.

Online-Dating ist nicht Schleppfischerei. Sie wissen schon – riesige Netze werden ausgeworfen oder über den Meeresboden gezogen und es wird gehofft, dass sich möglichst viel Gutes darin verfängt. Online-Dating ist Fliegenfischen. Es braucht Geduld, es braucht einen Köder, der den Fisch interessiert, es braucht Technik und Taktgefühl. Der passionierte Fliegenfischer Tobias Hinzmann beschreibt den Kontaktversuch mit einem Fisch so: »Die Schnur wird nach vorne und nach hinten geworfen, wodurch eine Schwingung erzeugt wird. Durch diese Schwingung entsteht bei richtiger Ausführung in der Schnur eine Zugkraft, so dass sich diese verlängern möchte. Am Ende dieser Pendelbewegung steht immer ein möglichst abrupter Stopp der Fliegenrute in Richtung des Wurfzieles. Insbesondere die Ausrollbewegung der Schnur erfordert vom Werfer eine Art ›Taktgefühl‹. Und das ist nur ein winziger Auszug der Gesamtbeschreibung. Hier steht nicht: »Stellen Sie sich ins Wasser und werfen Sie irgendetwas Richtung Fisch.« Sehen Sie uns den kurzen Ausflug ans Gewässer bitte nach. Aber nehmen Sie mit, dass erfolgreiches Online-Dating Stil und Strategie braucht. Es ist niemals auf Quantität, doch immer auf Qualität ausgerichtet.

Neben den Click-Automatismen bringen auch nichtssagende Kontaktanfragen – zumindest bei anspruchsvollen Singles – kaum bis gar keine Resonanz. »Dein Profil gefällt mir«, »Ich will dich kennenlernen«, »Dachte, ich schreib mal«, signalisiert nur wenig mehr als ein »Lächeln« oder »Kompliment«. Solche Botschaften gleichen in ihrer Kürze einer Nottaufe. Würze liegt darin keine. Es geht in der Kontaktanfrage nicht darum, einen Roman zu schreibe, nicht mal Prosa ist erforderlich. Aber Sie müssen sich auf etwas im Profil des Angeschriebenen beziehen. Es muss erkennbar sein, dass Ihre Nachricht kein Textbaustein ist, den Sie allabendlich an zwanzig Zielpersonen verschicken.

Mehr als fünf Sätze müssen Ihnen nicht einfallen für die erste Nachricht. Eine freundliche Begrüßung (und das ist mehr als ein »Hi du«), ein Satz mit Bezug auf das fremde Profil, eine Gemeinsamkeit herausstreichen. Eine Frage oder Schlussbemerkung und die Verabschiedung. Fertig!

Die Betreffzeile, die bei ELITEPARTNER beispielsweise schon mit »Wollen wir Kontakt aufnehmen« vorgeschlagen wird, ersetzen Sie besser durch einen persönlichen Text. Sie wollen aus mehr oder weniger vielen Kontaktanfragen, die der andere erhält, herausstechen, wahrgenommen, interessiert betrachtet werden. Dafür müssen Sie einiges tun. Nehmen Sie sich Zeit für die Profile Ihrer Favoriten. Sie erinnern sich? Wir hatten schon darauf hingewiesen, dass Online-Dating Zeit braucht. Wenn Sie diese nicht haben, lassen Sie es besser.

Auf Partnerbörsen ist das »Du« Standard. Auf ELITEPARTNER können Sie jemanden aber durchaus auch per Sie ansprechen. Das fällt auf und signalisiert einen gewissen Stil. Der Umstieg auf das Du in den Folgenachrichten ist dann aber üblich.

Liebevolles, Charmantes, Spannendes

Kontaktanfragen, die uns gefallen haben:

Du schreibst, dass du gerne in den Bergen bist. Ich sitze grade auf dem Traunstein im Salzkammergut. Es ist herrlich hier heroben. Beim Aufstieg sind mir Gämsen begegnet und die Sicht ist so klar, dass man über den Traunsee bis nach Gmunden sieht. Hättest du Lust, mich einmal zu begleiten?

Ich sitze jetzt seit zwei Stunden vor meinem Mac und schaue mir unterschiedliche Profile an. Bei deinem kam große Lust auf, dich zu kontaktieren. Du beschreibst dich als viel zu jung für dein Alter. Darüber musste ich schmunzeln. Ich würde mich gerne von der Richtigkeit deiner Selbsteinschätzung überzeugen ;-)!

Ich glaube ja nicht an Zeichen, aber als ich sah, dass dein Lieblingsbuch Bergmanns »In Freiheit leben« ist, war das schon irgendwie seltsam. Ich habe Bergmann kürzlich bei einem seiner Vorträge kennengelernt und war fasziniert von ihm. Es wäre schön, mit dir einmal darüber zu reden.

Du wünschst dir nicht den perfekten, aber den perfekt zu dir passenden Mann. Ich habe Ecken und vermutlich auch die ein oder andere kleine Macke. Perfekt bin ich also nicht. Ob ich aber perfekt zu dir passen könnte, das würde ich sehr gerne herausfinden. Darf ich dich auf einen Kaffee einladen?

Du bist der erste Irish Wolfhound-Besitzer, auf den ich hier gestoßen bin. Ich liebe diese Rasse. Flyn, mein Wolf aus einer dänischen Zucht, ist vor vier Wochen bei mir eingezogen. Ich könnte durchaus den ein oder anderen Tipp von einem erfahrenen Hundeführer gebrauchen. Hast du Lust auf einen gemeinsamen Spaziergang?

Auf einem deiner interessanten Bilder sehe ich im Hintergrund die Hagia Sophia. Ich war letzten Sommer auch in Istanbul und bin fasziniert von dieser Kirche. Hast du auch den großen Bazar besucht? Ich konnte mich dort kaum sattessen an den gegrillten Maiskolben. Es wäre schön, mit dir Reiseerfahrungen auszutauschen.

Hallo, deine Lektüre gefällt mir sehr gut, vor allem, dass du auch Tolkien liest – den Herrn der Ringe habe ich sogar auf Englisch gelesen. Derzeit lese ich »Ein sterbender Mann« von Martin Walser, den habe ich sogar auf einer Lesung gehört und war begeistert. Würde mich sehr gerne über unsere Lektüre austauschen!

Das alles sind Beispiele für Kontaktanfragen, die ehrliches Interesse signalisieren. Sie lassen erkennen, dass der dahinterstehende Mensch sich Gedanken gemacht hat, Zeit in die Erstansprache steckte, selektiv vorgeht bei seiner Partnerwahl. Und der Empfänger solcher Botschaften fühlt sich persönlich angesprochen, wird vermutlich neugierig auf den Absender. Das ist das einzige Ziel einer Kontaktanfrage auf Partnerbörsen. In dieser Phase des Online-Datings geht es noch lange nicht um Liebe.

Ebenso falsch wie die oben erwähnten zu kurzen, unpersönlichen Kontaktanfragen sind die endlos langen. Auch die gibt es mitunter. Fünfzig Zeilen Text, Seelenstriptease oder auch detaillierte Beschreibungen der Erwartungen des Versenders. Monumente aus Textbausteinen, die einem um die Ohren fliegen und die an sich schon eine Zumutung darstellen. Abgesehen davon, dass vorgefertigte Texte – und das sind überlange Erstnachrichten im Allgemeinen – eben nichts mit personalisierten Anschreiben zu tun haben. Was den Umfang Ihrer Kontaktanfrage betrifft, kommt es darauf an, die Mitte zu finden. Was den Inhalt angeht, streben Sie nach dem Maximum.

Mit Inhalt, Länge und Frequenzen von Nachrichten beschäftigt sich auch der TEDx Talk »The Beautiful Truth about Online Dating«, von dem schon in Kapitel 4 die Rede war. Die Schwestern Arum und Dawoon Kang haben nämlich auch den Zusammenhang von Zeichenanzahl und Datingerfolg beforscht. Sie verglichen anhand der Chatverläufe eine Gruppe von Singles, die zu Paaren wurden mit einer, in der die Singles keinen Partner fanden. Dabei stellte sich heraus, dass Repräsentanten der Gruppe der Paare doppelt so viele Nachrichten austauschten und die Zeichenanzahl mit 809 pro Nachricht auch etwa dem Doppelten der Dauersingles entsprach.

Arrogantes, Niveauloses und andere Brechmittel

Wir könnten die Liste ansprechender Formulierungen auf einigen Seiten weiterführen. Es gibt tatsächlich wunderbare Beispiele für perfekte Kontaktanfragen. Die Liste der weniger perfekten, auf die wir gestoßen sind, wäre allerdings deutlich länger.

So bitte nicht:

Einsilbigkeiten à la »Hi!«, »Hallo!«, »Liebe Grüße«

Ich bin scharf auf dich. Melde dich bei mir.

Ich hab nicht die Zeit, dein Profil zu lesen. Aber Alter, Wohnort und Beruf würden zu mir passen.

Mein Mann ist mit meiner Freundin durchgebrannt. Bin auf der Suche nach einem Neuen.

Ich mag ältere Männer, besonders dann, wenn sie Porschefahrer sind. Lädst du mich auf eine Spritztour ein?

Wenn du mich kennenlernen willst, schreib mir. Wenn ich innerhalb von 24 Stunden nichts von dir gehört habe, lösche ich dein Profil.

Ich fühle mich sehr einsam und suche einen Mann, der sich um mich kümmern mag. Bist du der Richtige?

Guten Tag hübsche Dame, geben Sie mir Ihre E-Mail-Adresse, dann werde ich Ihnen antworten.

Ich habe gesehen, du bist Widder. Das ist ganz wunderbar. Wenn du mir deine genauen Geburtsdaten verrätst, kann ich zu unserem ersten Date einen Vergleich unserer Sternzeichen mitbringen.

Servus. Ich schreib dir jezt und es währe schön, wenn du mier bald Antwortest
(nein, wir haben uns hier nicht vertippt!)

Lust auf einen Swingerclub-Ausflug?

Ich finde nichts Besonders an mir, bin ein 08/15-Typ. Schreib mir etwas über dich.

Hässlich bin ich selber, suche Schönheit mit langen Beinen und großem Busen.

Ich hab keine Lust hier Mitgliedsbeiträge zu zahlen. Du kannst mir aber schreiben: peterle69 gemeex in Österreich.

Ich bin ein aufrichtiger Ritter und mein kleiner Ritter richtet sich auch gerne auf. Wenn du willst, stelle ich ihn dir vor.

Da ich hochbegabt und umfassend gebildet bin, erwarte ich mir einen Mann mit einem IQ >140. Antwort nur erwünscht, wenn du meinen Ansprüchen gerecht wirst.

Quizfrage: Erkennen Sie den Unterschied zwischen einer klugen und einer dummen Kontaktanfrage? Nehmen Sie sich unbedingt die Zeit, auf das Profil des Menschen, der Sie interessiert, einzugehen. Davon ist abhängig, ob Sie Antworten bekommen, die dann möglicherweise zu einem weiteren Austausch führen. Der dann zu einem Date führt. Das dann zu ...

Wir hören oft Klagen darüber, dass es so wenig Resonanz auf Kontaktanfragen gibt. Wenn wir uns dann aber die Texte der ersten Nachricht zeigen lassen, verstehen wir den Grund. Solange Sie einem anderen nicht das Gefühl vermitteln, sich für ihn zu interessieren, weshalb sollte dieser dann Interesse an Ihnen zeigen?

Grundsätzlich gibt es im Dialog ihrer Sinne mächtiger Erwachsener keine Tabuthemen – Stichwort »im gegenseitigen Einverständnis«. Beim ersten Zeichenaustausch aber schon mit Krankheiten, Jobfrust, finanziellen Sorgen (oder, noch übler, Versorgungserwartungen), bisher unerfüllten Kinderwünschen oder Hochzeitsfantasien aufzufahren, halten wir für kontraproduktiv. Es könnte zu schreckhaften Abwehrhandlungen des Auserwählten führen. Bleiben Sie immer ganz nah an der Wahrheit – nach dem Prinzip der selektiven Authentizität: Was Sie schreiben ist wahr, nicht alles, was wahr ist, müssen Sie aber schreiben.

Vergessen Sie bitte nicht, Ihren Text auf Rechtschreibfehler zu überprüfen – mindestens, indem Sie Ihren Text zunächst in einem Word oder Pages-Dokument schreiben, die Rechtschreibprüfung darüberlaufen lassen und den Text dann in das Nachrichtenfenster auf der Partnerbörse hineinkopieren. Aber bitte glauben Sie nicht, dass damit alles gesichert ist; gerade bei unserem Thema kann der Unterschied zwischen schwelenden bzw. laut Rechtschreibprüfung »schwellenden« Konflikten dramatisch sein.

Es ist ein Ausdruck von Höflichkeit, gleichzeitig mit der Kontaktanfrage die eigenen Fotos freizuschalten!

Vor den dümmlichen Spaßfragen, die auf PARSHIP für die erste Kontaktnahme angeboten werden, raten wir Ihnen dringend ab. Für die, die dieses Tool nicht kennen: Sie können, wenn Sie jemanden kontaktieren wollen, unterschiedliche Fragen beantworten, der Kontaktierte beantwortet dieselben und Sie können einen Spieleinsatz für Übereinstimmungen festlegen.

Dabei geht es beispielsweise um Themen wie:

»Im Grund meines Herzens habe ich etwas von einem ...
A/Hasenfuß | B/Querkopf | C/Landei | D/Eigenbrötler«

Abgesehen davon, dass sich wohl kaum jemand als Landei bezeichnen würde – weshalb sollte ein Fremder Zeit in vorgefertigte Fragen investieren, ohne sich von Ihnen persönlich angesprochen zu fühlen? Als Siegerprämie für Übereinstimmung können Sie von Ihrem ersten Kuss berichten, beim ersten Date zahlen, verraten, welcher Film Sie zuletzt zu Tränen gerührt hat und noch ein paar andere kindische Angebote.

Ihre Autorin meint, das ist etwas für Pubertierende und hat keinen Platz bei der ernsthaften Partnersuche unter Erwachsenen. Ihr Autor stimmt dem nicht vollinhaltlich zu. Ja, die PARSHIP-Spaßfragen sind kindisch und unnötig, aber grundsätzlich sollten Sie dem spielerischen Element nach Möglichkeit eine Chance geben. Es empfiehlt sich wirklich nicht für die Kontaktanbahnung, insbesondere in vorgekauter Form, aber sollte sich ein Austausch entwickeln, kann v.a. Männern nur empfohlen werden, Humor und Lockerheit in die Konversation einzubringen. Geht man es immer nur ernsthaft an, ist die Gefahr groß, dass es auch später in der Beziehung wenig zu lachen gibt ...

Geduld!

Rechnen Sie nicht damit, dass Sie innerhalb von Minuten Antworten auf Ihre Kontaktanfragen erhalten. Selbst wenn Sie sehen, dass die Angeschriebene online ist, heißt das nicht, dass sie auch Zeit und Muße hat, sofort zurückzuschreiben. Als maximal zulässige Reaktionszeit würden wir etwa eine Woche sehen. Machen Sie nicht den Fehler, nachzusetzen und eine Antwort einzufordern. Das erzeugt Druck oder belegt eine gewisse Bedürftigkeit.

Wenn die Ungeduld zu groß wird und keine Antwort kommt, prüfen Sie sicherheitshalber, wann der Angeschrieben zuletzt online war. Manche Singles pausieren gelegentlich, schauen nur einmal wöchentlich in ihren Account oder haben aktuell zu viel um die Ohren, um in Ruhe auf Kontaktanfragen zu reagieren.

Haben Sie nach einer Woche, in der Ihr Auserwählter online war, auf Ihre Kontaktanfrage keine Antwort erhalten, sollten Sie ihn aber sicherheitshalber nicht sofort »verabschieden« und sein Profil löschen. Der strategisch klügere Weg wäre, vorwurfsfrei (!) zu schreiben, dass Sie es bedauern, keine Antwort erhalten zu haben, alles Gute wünschen und ankündigen, das Profil zu löschen. Das tun Sie dann aber erst einige Tage später. Wir haben häufig erlebt, dass Angeschriebene erst auf eine zweite freundliche (!) Nachricht reagieren. Haben Sie dessen Profil aber schon gelöscht, erreicht Sie seine Botschaft nicht mehr. Und wieder ist Ihnen ein Fisch durch die Lappen gegangen.

E-Mail for You

Es macht ping. Eine E-Mail weist Sie darauf hin, dass jemand Sie über Ihren Account auf der Dating-Seite kontaktiert hat. Ihre Autoren finden diesen Moment immer besonders spannend. Also, Nachricht öffnen und ... dann ist es wieder nur ein Lächeln, ein Kompliment, ein Kontaktautomatismus. Ob Sie darauf reagieren, ist Ihre Sache. Behalten Sie aber im Hinterkopf, was wir einige Absätze weiter oben zu Quickies gesagt haben. Wir meinen, Sie sollten nur Nachrichten mit persönlichem Text ernst nehmen. Alle anderen kommen üblicherweise von Menschen, die sich wenig Gedanken machen und vor allem keine Zeit in die Partnersuche investieren wollen. Oft sind es auch Schwarzfahrer, die Ihnen keine Nachricht schicken können, weil sie nicht zahlende Mitglieder sind. Die sich die Kosten einer bezahlten Mitgliedschaft nicht leisten wollen, die Services einer Partnerbörse aber trotzdem nutzen möchten. Die Frage, ob diese Singles tatsächlich ernsthaft nach einem Partner suchen, sei Ihnen zur Beantwortung überlassen.

Sind Sie aber mit einer persönlichen Nachricht konfrontiert, wird diese jedenfalls beantwortet. Wenn der Schreiber interessant scheint, wird Ihnen bestimmt etwas Ansprechendes einfallen. Doch auch wenn der Mensch hinter Nachricht und Profil nicht Ihren Vorstellungen entspricht, bitte antworten Sie. Einfach wegklicken ist so niveaulos und für den

Abgelegten meist auch frustrierend. Bemüht hat er sich ja. Er passt für Sie aber nicht. Investieren Sie wenige Minuten, nennen Sie den Grund für Ihre Absage und wünschen Sie freundlich »Erfolg bei der Suche«. Das tut nicht weh. Und es erleichtert dem Empfänger den Umgang mit Ihrer Ablehnung. Erst dann verabschieden Sie den Kontakt auf der Singlebörse zusätzlich noch mit der Absageautomatik.

Unsicherheit in dieser Phase des Online-Datens kann entstehen, wenn Sie das Profil eines Menschen zwar anspricht, die Fotos aber eher Zweifel hervorrufen. Unsere diesbezügliche Empfehlung delegieren wir an Michelangelo Buonarroti, das Multitalent der italienischen Hochrenaissance:

> *Erscheint mir eine Frau zum Teil als schön,*
> *hässlich zu andern Teil,*
> *muss ich sie lieben.*
> *Weil es Lust bereitet, jenen anzusehen*
> *des andern Teiles Flehn,*
> *da meine Freude schwindet,*
> *drängt die Vernunft,*
> *dass sie den kleinen Fehler liebe und verzeih.*
> *Amor lässt nicht geschehen,*
> *so sehr ich mich auch müh.*
> *Da zornig er verkündet,*
> *dass mit der Liebe nicht zu Rechten sei.*
> *Der Himmel sagt, sei frei voll Mitleid auch was dir*
> *missfällt zu lieben.*
> *Denn es wird schön,*
> *wenn sich die Augen üben.*

Kurzgefasst: Engen Sie sich in Ihren Erwartungen an das Aussehen eines Partners nicht zu sehr ein. Wir ersparen uns den Hinweis auf die Bedeutung innerer Werte. Den Hinweis auf »außen hui – innen pfui«. Doch es sei uns gestattet, Ihnen eine gewisse Großzügigkeit ans Herz zu legen und nicht reflexartig Kontaktanfragen auszuschließen, nur weil Haarlänge, Augenfarbe oder Nasenkrümmung nicht hundertprozentig Ihren Vorstellungen entsprechen.

Hatten wir schon erwähnt, dass Sie beim Online-Dating eine hohe Frustrationsschwelle brauchen? Sie werden nicht nur selbst Kontaktanfragen ablehnen, Sie kommen garantiert auch in die Situation, dass Ihre eigenen Anfragen abgelehnt werden. Achtung hier kommt eine Plattitüde: Nehmen Sie es nicht persönlich! Enttäuschung ist Teil des Lebens, offline wie online. Wenn jemand Ihre Kontaktanfrage nicht annimmt, ist das kein Angriff auf Sie als Frau oder Mann. Es beschädigt nicht Ihre Integrität. Es bedeutet einfach nur, dass Ihr Gegenüber kein Potenzial und keine Perspektiven in einer gemeinsamen Zukunft sieht. Selbst wenn Sie anderer Meinung sind, es geht in dieser frühen Phase um ein Fantasiebild, um eine Vorstellung, um etwas Erträumtes, das Sie für sich geschaffen haben. Es geht nicht um Realität. Schütteln Sie sich ab, projizieren Sie eine Absage niemals auf eigene Defizite. Absagen haben mit dem Absagenden meist viel mehr zu tun als mit dem Abgesagten. Gönnen Sie sich eine kleine Rundschau der Neuzugänge auf Ihrer Partnerbörse und schreiben Sie die nächste persönliche, fröhliche und neugierig machende Kontaktanfrage.

Halten Sie Ordnung

Zu Beginn ihres Online-Dating-Abenteuers zeigen viele Singles hochgradige Symptome einer Hyperaktivitätsstörung. Es wird ausgewählt, angeschrieben, geantwortet, bis die Tastatur zu ächzen beginnt. Und das rund um die Uhr. Toben Sie sich ruhig aus. Nach einer Weile nimmt die Anfangsenergie ohnedies wieder ab.

Damit Sie den Überblick nicht schon in der Startphase verlieren, sollten Sie Personen, mit denen Sie über den Erstkontakt nicht hinauskommen, regelmäßig löschen (nachdem Sie sich freundlich verabschiedet haben).

Auf den Profilseiten gibt es oben einen Menü-Button. Darunter unter anderem die Option »Notiz erstellen«. Dort notieren Sie für sich alles Wichtige und Interessante zu dieser Person. Intensivieren Sie mit mehreren Singles gleichzeitig den Kontakt, verlieren Sie sonst leicht den Überblick zu Erzähltem, Gehörtem, Besprochenem. Wenn Sie Peter dann nach seinem kranken Vater fragen, der eigentlich zu Hans gehört, kann es rasch peinlich werden. Und auch die unsportliche Sophie wird nicht frohlocken, wenn Sie sich erkundigen, wie es ihr beim letzten Marathon gegangen ist, den Sonja gelaufen war.

Auch die Funktion »Namen vergeben« sollten Sie nutzen. Ist ebenfalls im Drop-down-Menü zu finden. Der Name wird dann direkt neben dem Foto des Profilbesitzers eingeblendet und hilft Ihnen dabei, den Überblick zu bewahren.

Für Romantiker: Wenn Sie sich für einen bestimmten Menschen entschieden haben, machen Sie sich Screenshots von dessen Profil, speichern Sie Ihre Nachrichten ab. Vanessa, eine 51-jährige Wienerin, brachte uns auf diesen Tipp. Sie erzählte uns, dass sie ihrem Mann, den sie über ELITEPARTNER kennengelernt hatte, zum zehnten Jahrestag ein kleines Büchlein geschenkt hat. Es begann mit Kopien seines Profils, den Matching-Vergleichen der beiden und ihren gemeinsamen ersten Nachrichten. Wir fanden diese Idee sehr sympathisch.

Zum Schluss dieses Kapitels noch eine Leseempfehlung Ihrer Autoren: Besonders dann, wenn es für Sie grade nicht so gut läuft beim Online-Dating und Sie dringend einen Grund zum Lachen brauchen, empfiehlt sich das Buch: »Sexually, I'm more of a Switzerland« von David Rose. Es erschien zwar schon 2010, doch unsere Recherchen ergaben, es hat sich nichts geändert seitdem. Nachrichten und Profil-angaben auf Partnerbörsen sind heute um nichts weniger komisch, schräg, unterhaltsam als damals. Das Buch (gibt es nur in der englischen Originalversion, die Autoren bieten sich aber gerne für eine Übersetzung an) eignet sich zur vergnüglichen Ablenkung, aber auch als Inspiration für des Textens nicht so Bewanderte.

Zum Neugierigmachen zwei Leseproben aus dem Buch:

Ein offenbar höchst selbstreflektierter »mürrischer Depp« schreibt: »Young, charming, thoughtful, attractive, sporty, zesty, intelligent. None of these are me, but if you'd like to spend an afternoon or more considering alternative adjectives to be applied to 53-year-old cantankerous dipshit, write now.«

(Jung, charmant, fürsorglich, attraktiv, sportlich, feurig, intelligent. Nichts davon bin ich. Aber wenn du mit mir einen Nachmittag oder gerne auch mehr damit verbringen willst, treffendere Eigenschaftswörter für einen 53-jährigen mürrischen Deppen zu finden, dann schreib mir jetzt.)

»I hate you all. I hate London, I hate books. I hate critics. But if you have large breasts, are younger than 30 and don't want to talk about the novel you're writing, I'll pull all that aside for approximately two hours one Saturday afternoon in January.”

(Ich mag euch alle nicht. Ich hasse London, ich verabscheue Bücher, ich kann Kritiker nicht ausstehen. Aber wenn du einen großen Busen hast, jünger als 30 bist und nicht über die Novelle reden willst, an der du grade schreibst, dann werde ich das alles für ungefähr zwei Stunden an einem Samstagnachmittag im Jänner beiseitelassen.)

Und diese Frau hier weiß, was sie will: »Would like to meet man to 40 who doesn't try to high-five her after sex.”

(Suche Mann unter 40, der nach dem Sex nicht abklatschen will.)

So, wir gratulieren. Sie haben das Ende der Startbahn erreicht und stehen kurz davor abzuheben – zu Ihrem First Date. Bei allem Herzklopfen – jetzt heißt es, einen kühlen Kopf bewahren und Fehler, die viele andere vor Ihnen schon gemacht haben, zu vermeiden. Wie das geht? Bitte lesen Sie einfach weiter!

KAPITEL 7

Erfolgreiches First Date – der Realitycheck

Sie haben jemanden auf einer Partnerbörse entdeckt, der Sie interessiert und der dieses Gefühl erwidert. Sie haben anregende Nachrichten ausgetauscht, miteinander gechattet und telefoniert. Jetzt wollen Sie einander treffen. Damit transferieren Sie die Online-Begegnung ins richtige Leben, in die Offline-Realität.

Sie werden ihm das erste Mal »in echt« begegnen. Sie werden ihr das erste Mal dreidimensional in die Augen sehen. Das, was seit Adam und Eva stets zu Beginn einer Beziehung stand – einander mit allen Sinnen wahrnehmen – das geschieht beim Online-Dating erst in Phase zwei der Balz. Dabei nehmen Sie nicht mehr nur Aussehen, Auftreten, Gestik, Mimik und Geruch wahr. Auf einer zweiten Filmspur läuft im Hintergrund mit, was Sie schon alles wissen über Ihr Gegenüber: Was sie beruflich macht, welche Hobbys er hat, wo und wie sie wohnt, wie alt seine Kinder sind und zu welcher Musik sie abends einschläft. Sie haben mit Ihrem Gegenüber schon eine gewisse emotionale Nähe aufgebaut. Über Geschriebenes und Gesagtes. Und Sie gehen verständlicherweise mit Erwartungen in dieses Date.

Dabei kann Freude aufkommen und Erleichterung. Es kann aber auch Ärger oder Enttäuschung sein. Dann wenn die Realität Ihre Vorstellungen nicht bestätigt. Erwartungen, unabhängig davon, ob sie angemessen oder überzogen sind, haben massiven Einfluss auf den Ausgang dieser Begegnung. Je größer die Träume und Hoffnungen, umso größer auch die Gefahr von Enttäuschung und Verletzung. Wenn Sie sich auf dem Hinweg schon Gedanken über Ihr Hochzeitskleid machen. Das gemeinsame Altwerden zur fixen Idee wurde, Sie in Ihrem Dating-Partner die Lösung all Ihrer Probleme sehen, ihn zum Retter hochstilisieren. Sie diesen Menschen – Originalzitat – »als Jungbrunnen fix in die letzten Lebensjahre eingeplant« haben. Dann, so fürchten wir nicht nur, so zeigen die Erfahrungen, werden Sie den Karren vermutlich krachend an die Wand fahren. »Ja aber, weshalb sonst sollte ich mich mit jemandem treffen?«, wollte eine unserer Gesprächspartnerinnen wissen. Wie wäre es damit, sich einfach mal auf die Begegnung mit einem offenbar irgendwie interessanten Menschen zu freuen? Sich darauf einzustellen, eine Stunde lang mit jemandem gemütlich beisammenzusitzen? Ansichten und Meinungen auszutauschen, aus dem Singlealltag kurzfristig auszusteigen? Ein neues Lokal kennenzulernen oder einen entspannten Ausflug zu machen? Nur damit wir nicht missverstanden werden: Wir zielen nicht darauf ab, Sie alle Hoffnung fahren zu lassen. Zumindest nicht im Kern. Aber – und dafür kommt uns Dante gelegen: »Auch Bitteres kann aus süßem Samen entspringen«. Nicht jedes digitale Herzklopfen bestätigt sich im Analogen.

Wir alle haben ständig Begegnungen mit Anderen, lernen Fremde kennen. Im Job, beim Einkaufen, auf dem Tennisplatz, bei Behördengängen, im Theater oder bei einer Urlaubsreise. Manche der Menschen, auf die wir treffen, mögen wir auf Anhieb, finden sie sympathisch. Mit anderen klappt es weniger gut. Nur selten erhöht jemand, der uns begegnet, Herzschlag und Pulsfrequenz. Und trotzdem unterhalten wir uns mit ihm, finden das ein oder andere gemeinsame Thema. Seien Sie auch beim Online-Dating offener für die Vielfalt, die das Kennenlernen eines bis dahin Fremden bietet. Vielleicht landen Sie nicht gemeinsam vor dem Traualtar, vielleicht nicht einmal im Bett. Aber wenn Sie aufhören, Ihr Gegenüber als Erfüllungsgehilfen eigener Sehnsüchte zu sehen, ersparen Sie sich herbe Enttäuschungen. Staffieren Sie sich für Ihre erste Begegnung nicht mit Erwartungen, sondern mit Neugierde und Interesse aus. Das nimmt der Premiere das Verkrampfte. Sie werden sehen, Ihre Erfolgsaussichten steigen proportional zu der Lockerheit, mit der Sie in Ihre Dates gehen.

Um schon zu Beginn eines Dates dessen Potenzial (aus Sicht Ihres Dating-Partners) einschätzen zu können, stellen Sie als Einleitung der Unterhaltung eine Frage: »Wie lange hast du Zeit?« Bei »Lass uns mal sehen«, haben Sie einen guten Ersteindruck gemacht. »Maximal eine halbe Stunde« signalisiert eher, dass Erwartung und Realität für Ihren Gesprächspartner ziemlich auseinanderliegen. Ein sehr knappes Zeitfenster ist – außer es wurde bei der Terminvereinbarung schon besprochen – ein Signal dafür, dass der Ersteindruck nicht optimal war. Vergisst Ihr Gesprächspartner dann aber die Uhr, stehen die Chancen auf ein Wiedersehen gut. Die Frage nach der geplanten Dauer des Dates, bietet natürlich auch Ihnen die Möglichkeit, schon sehr früh zu signalisieren, dass es für Sie gar nicht stimmig ist und Sie sich bald wieder vom Acker machen werden.

Außerdem gibt es Sicherheit zu wissen, wie man ein Gespräch eröffnet. Eine gewisse Eloquenz zu Beginn schafft einen besseren Ersteindruck als mühsames Ringen um Worte. Ein kleiner Eisbrecher, nicht mehr. Und danach könnten Sie über die Wahl der Location reden, über etwas Tagesaktuelles, kurz das Wetter streifen. Steigen Sie mit »leichten« Themen ein, die Sie dann sanft und sukzessive vertiefen. Fragen nach der Ex, der Zukunftsplanung oder – Achtung! Ganz gefährlich – »Wie gefalle ich dir« sind beim ersten Date kontraproduktiv. Und, bitte, hüten Sie sich davor, ein Verhör zu starten. Kein Mensch schätzt es, sich einem Kreuzverhör aussetzen zu müssen, wenn er doch nur ein nettes erstes Date erleben wollte. Vergessen Sie auch nicht, dass es bei Ihrem Kennenlerntreffen nicht darum geht, selbstdarstellerisch zu überzeugen. Monologe nerven, Dialoge schaffen Vertrauen und Interesse. Erzählen Sie Ihrem Gegenüber, was Ihnen an seinem Profil besonders gut gefallen hat, wo Sie Parallelen sehen, interessieren Sie sich für ihre Hobbys, fragen Sie nach seinen Kindern, stimmen Sie Ihrer beider Musikgeschmack ab. Plaudern Sie sich einfach entspannt durch Ihr Date. Und vor allem: Hören Sie aufmerksam zu und gehen Sie auf das, was Sie hören, ein. Es ist wirklich nicht kompliziert! Wenn es passt, und Sie einander sympathisch sind, wird Ihnen der Gesprächsstoff so schnell nicht ausgehen. Doch wenn die Luft nach einer halben Stunde raus ist, so ist das ein recht klarer Hinweis darauf, dass Sie einander auch in den nächsten Jahren nicht viel zu erzählen hätten. In diesem Fall stehen Sie ehrlich dazu, dass es eben nicht passt für Sie. Eine freundliche Verabschiedung und der Kreis ist geschlossen. Lassen Sie Ihr Gegenüber nicht im Unklaren, wenn Sie keine Fortsetzung der Begegnung wünschen.

Als Auflockerung nach diesen ernsthaften und ernst gemeinten Hinweisen eine chaotisch-amüsante Episode aus dem Leben der Online-Powerdaterin Waltraud, 32, aus Hamburg: *Ich hatte mir extra einen Urlaubstag genommen, um die fünf Rendezvous mit meinen aktuellen Flirtpartnern auf* PARSHIP *an einem Stück planen zu können. Im Stundentakt verabredete ich mich mit den Männern in meiner Lieblingskneipe. Um 12:00 traf der Erste ein. Uninteressant, weil deutlich älter als auf dem Bild und furchtbar bieder. Da er mein Desinteresse rasch erkannte, verabschiedete er sich freiwillig nach einer halben Stunde. Der um 13:00 kam unentschuldigt 20 Minuten verspätet, weshalb ich mich gar nicht erst auf eine Unterhaltung einließ. Auch 14:00 war eine Enttäuschung und rasch wieder verabschiedet. Kurz vor 15:00 stand plötzlich Markus vor mir. WOW! Nach wenigen Minuten war klar, diesen Mann will ich wiedersehen. Für den hätte ich am liebsten dem 16:00-Uhr-Termin abgesagt. Doch der tauchte kurz nach 15:00 unerwartet auch an meinem Tisch auf. Da ich nicht wusste, wie ich die beiden einander vorstellen sollte, bat ich Markus, mich kurz zu entschuldigen und ging mit dem für 16:00 Geplanten vor die Tür. Wer schuld war an der Terminkollision wollte ich gar nicht erst klären. Ich gestand ihm aber, dass der Mann an meinen Tisch mich sehr interessierte und ich deshalb das Date mit ihm, dem 16:00-Uhr-Mann nicht mehr wahrnehmen wolle. Zurück an meinem Tisch bei Markus merkte ich eine gewisse Verstimmung bei ihm. Er hatte mitbekommen, dass der zu uns gestoßene Mann ein Date war. Und zu allem Überfluss hatte Markus schon eine Stunde vor unserem Date in der Kneipe gesessen und beobachtet, dass er nicht der erste Mann war, mit dem ich hier verabredet war. Er meinte, er hätte eine gewisse Exklusivität erwartet, und dass er niemals mehrere Frauen gleichzeitig date. Eine Frau, die Männer vorführte wie bei einer Rinderauktion wäre nicht die Richtige für ihn. Das war's dann. Ich hätte heulen können. Da sitzt du endlich Mr. Right gegenüber und versaust die Chose komplett.*

Was lernen wir aus Waltrauds Erfahrung? Dates, die Sie am Fließband abwickeln, bergen Gefahren. Nicht nur, dass sich die Damen und Herren gegenseitig auf die Füße steigen könnten, es ist auch kaum möglich, nach einer Begegnung ein Resümee zu ziehen. Und außerdem, das ist Ihrer Autorin passiert, verlieren Sie sich leicht in Fragen und Antworten. So hat sie sich beim dritten Mann in Serie auf Aussagen des ersten bezogen und Fragen zum Profil gestellt, dessen Eigner ihr Stunden vorher gegenübergesessen war. Mehr als drei Dates pro Tag sollten es nicht sein. Ein gemütliches Frühstück, ein kleiner Lunch, ein entspannter Sundowner.

So bleibt Online-Daten eine entspannende Freizeitbeschäftigung und wird nicht zum Besichtigungsmarathon.

Wie viele Eisen haben Sie zeitgleich im Feuer? Wir halten es für strategisch richtig, anfangs mit mehreren potenziellen Partner zu chatten. Verlieren Sie dabei aber nicht die Übersicht und machen Sie sich entsprechende Notizen über das, worüber Sie schon gesprochen haben. Wenn Sie sich dann allerdings bei einem Ihrer Dates einig sind, auf erkennbares Beziehungspotenzial gestoßen zu sein, beenden Sie die Mehrgleisigkeit. Verabschieden Sie sich höflich und respektvoll von den Abgewählten. Und Ihr Partnerbörsen-Profil löschen Sie (oder deaktivieren Sie es wenigstens).

Patrizia und Fabienne, beide 30 und aus Rostock, erzählten uns, dass sie während eines romantischen Abendessens ihre Profile gemeinsam gelöscht haben. Für die beiden war es ein Ritual des Sich-zueinander-Bekennens. Uns hat diese Idee sehr gut gefallen.

Wie weit wir uns auf Details zu Verhalten, Auftreten, Kleidung etc. einlassen sollten, darüber gab es zwischen Ihren Autoren einige Diskussionen. »Das ist doch völlig logisch«, »Es muss mehr sein als das Kleine 1×1 des Benehmens«, »Zu tief angesetzt, brüskieren wir unsere Leser«, »Das weiß doch jeder«, »Was ist mit der guten Kinderstube?«, »Du willst über Tischmanieren schreiben?« und vieles mehr flog zwischen uns hin und her. Wir einigten uns dann darauf, Ihnen zu empfehlen, die Tipps in diesem Kapitel immer vor dem Hintergrund der Schauergeschichten, die uns erzählt wurden, zu sehen. Wir gehen selbstverständlich davon aus, dass Sie wissen, wie man sich situationsgerecht verhält und auch die Kleiderwahl souverän lösen. Sollte aber wider Erwarten doch der ein oder andere Hinweis dabei sein, den Sie bislang nicht bedacht haben, würde uns das sehr freuen.

In einem waren Ihre Autoren sich rasch einig: Die Basis einer erfolgreichen und erfreulichen ersten Begegnung ist

Anstand (wie auch sonst im Leben). »Quod decet, honestum est, et quod honestum est, decet« – Was sich ziemt, ist anständig, und was anständig ist, ziemt sich auch, schien auch schon Marcus Tullius Cicero im alten Rom irgendwie schlüssig. Die meisten Menschen haben zumindest ein vages Gefühl dafür, was anständig ist. Wer sich längere Zeit auf Partnerbörsen bewegt, mag daran allerdings zu zweifeln beginnen. Anstand ist mehr, als zwischen Messer und Gabel unterscheiden zu können. Knigge, der oft auf pure Benimmtipps reduziert wird, nannte sein 1788 erschienenes Buch nicht umsonst »Über den Umgang mit Menschen«. »Wenn die Regeln des Umgangs nicht bloß Vorschriften einer konventionellen Höflichkeit oder gar einer gefährlichen Politik sein sollen«, schreibt er darin, »müssen sie auf die Lehren von den Pflichten gegründet sein, die wir allen Arten von Menschen schuldig sind. Das heißt, ein System, dessen Grundpfeiler Moral und Weltklugheit sind, muss dabei zum Grunde liegen.« Um aus der philosophischen Ecke wieder herauszukommen: Anstand ist die Grundlage friedlichen, freundlichen Zusammenlebens. Bitte setzen Sie dieses Grundgesetz bei Ihrer Online-Partnersuche nicht außer Kraft.

Von der inneren Haltung wechseln wir zu Beginn dieses Kapitels jetzt übergangslos zu reinen Äußerlichkeiten.

Von Push-ups, Lederhosen und Nasenhaaren

Es gibt Menschen, die greifen morgens in den Kleiderschrank und nehmen, was gerade nicht im Schmutzwäschekorb liegt. Es gibt Menschen, die am Vorabend exakt aufeinander abgestimmte Teile zusammenstellen und morgens entspannt hineinschlüpfen Es gibt Menschen, die stundenlang damit beschäftigt sind, Stücke an- und wieder auszuziehen. Diese Menschen sind üblicherweise Frauen.

Zu welcher Gruppe Sie grundsätzlich auch gehören mögen, eines gilt für alle: Beim (nicht nur ersten) Date sind sie ordentlich und dem Anlass bzw. der Umgebung entsprechend gekleidet. Die Sportschuhe, die für einen gemeinsamen Spaziergang vor den Stadtmauern die beste Wahl sind, tragen Sie nicht zu einer Café-Verabredung im ersten Haus der Stadt. Die Lederhose, in der Sie beim Besuch einer Weinschenke perfekt gekleidet sind, bleibt im Schrank, wenn Sie beim kleinen Italiener einen gemeinsamen Lunch einnehmen wollen. Laborieren Sie an Unsicherheiten bei Sockenfarben oder Krawattenknüpftechniken, lesen Sie bitte die entsprechenden Ratgeber.

Für weibliche Online-Dater gilt außerdem: Prinzipiell ist weniger mehr. Dies bezieht sich allerdings nicht auf Stoffmengen bei Röcken oder Oberteilen. Sexappeal vermitteln Sie nicht durch Megaminis, Transparentes, 15-Zentimeter-Bleistiftabsätze oder blitzende Push-ups. Exzessiv zur Schau gestellte Weiblichkeit macht in speziellen Situationen Sinn. Das erste Date ist bei der seriösen Partnersuche keine dieser Situationen. Frauen in Röcken kommen bei Männern (wenn diese sie nicht eben auf einen Berg schleppen) meist besser an. Männer in Röcken (wir weisen deshalb darauf hin, da Männerröcke zunehmend vom Laufsteg ins Stadtbild wechseln) überfordern Frauen üblicherweise. Uns daran zu gewöhnen, braucht vermutlich noch ein Weilchen, meint Ihre Autorin. Und Ihr Autor lächelt milde.

Für die Herren noch ein zeitloser Rat des römischen Dichters Ovid. Kaiser Augustus war nicht besonders amused über Ovids Bücher zur Liebeskunst. Wir hingegen finden, dass Ovid in »Ars amatoria« damals schon recht trefflich beschrieben hat, was bei der Damenwelt auch heute noch gut ankommt:

Sauberkeit sei dir lieb, gebräunt der Körper vom
Campus; Passend und fleckenlos, sitze die Toga dir gut.
Starr nicht klebe die Zunge, von Rost frei seien die
Zähne;
Und in zu weitem Schuh schlappe der Fuß nicht herum.
Auch entstelle die Schur das steife Haar nicht zum
Schimpfe;
Haar geschnitten und Bart sei dir von kundiger Hand.
Laß die Nägel auch nicht vorragen und halte sie
schmutzfrei;
Und aus dem Nasenloch stehe kein Haar dir heraus.
Nicht beschwerlich auch sei der Hauch schlimm
riechenden Mundes;
Ziegen-Vater und Mann setze der Nase nicht zu.

Das Wann und das Wo

Lore, 52, aus Klagenfurt: *Walter und ich waren uns nach einigen Mails einig, dass wir uns treffen sollten. Ich dachte dabei an ein nettes Kaffeehaus, Walter allerdings schlug eine Schneeschuhwanderung mit gemeinsamer Übernachtung in einer Hütte vor. Aber ich hatte einfach keine Lust darauf, beim ersten Kennenlernen verschwitzt einen Berg raufzusteigen und dort gemeinsam mit anderen die Nacht zu verbringen. Gut, ich hatte ihm erzählt, dass ich schon einmal Schneeschuhwandern war. Aber so etwas kann man doch nicht für ein erstes Date vorschlagen. Ich versuchte, ihm meine Ansicht zu erklären. Walter interpretierte das allerdings als Zickigkeit und fehlendes Interesse. Sein Schlusssatz war: Wenn du nicht bereit bist, dich wenigstens ein bisschen anzustrengen, um mich zu bekommen, dann lassen wir es lieber. Und weg war er aus meinem Leben.*

Üblicherweise ist die Frage der Location keine so große Herausforderung wie bei Lore. Einige Empfehlungen bekommen Sie aber trotzdem von uns beigestellt:

- Das erste Date findet niemals in einer der beiden Wohnungen, sondern immer auf exterritorialem Gebiet statt. Ihre Sicherheit hat Priorität.
- Wählen Sie ein Lokal, das – wenn der Andere kein Auto hat oder nicht fahren mag – leicht mit öffentlichen Verkehrsmitteln erreichbar ist.
- Schlagen Sie ein Lokal nicht mit der Begründung vor, es läge bei Ihnen um die Ecke und wäre deshalb sehr bequem für Sie.
- Wird eine eindeutige Einladung ausgesprochen, Ihnen aber die Auswahl des Lokals überlassen, wählen Sie nicht das teuerste der Stadt. Schlagen Sie aber auch kein Lokal mit Selbstbedienung oder All-you-can-eat-Angebot vor.
- Vorschläge wie FKK-Strand oder Sauna sollten Ihnen gar nicht erst in den Sinn kommen. Selbst von einem Ausflug ins Freibad würden wir abraten. Sich beim ersten Date schon halbnackt gegenüberzustehen, ist nicht jedermanns Sache.
- Dass man sich auf dem Golfplatz verabredet, ist allerdings üblich. Wenn Ihre Handicaps extrem auseinanderliegen, sollten Sie die Platzrunde aber vielleicht besser auslassen und einander gleich auf einen Spritzer im Golfrestaurant treffen.
- Da das erste Date dem Austausch dient, müssen Sie dafür auch ausreichend Möglichkeit haben. Ein Kinobesuch, ein Fußballstadion, die Oper können der zweite Gang Ihres Dates sein, aber nicht das Horse d'œuvre.
- In Lokalen mit lauter Hintergrundmusik kommt ein Gespräch niemals in Gang. Wer will sich schon bei der ersten Begegnung gegenseitig anschreien müssen?

- Eine Motorradtour schlagen Sie nur dann vor, wenn Ihr Datingpartner selbst sich für Bikes interessiert und die entsprechende Ausrüstung hat.
- Wählen Sie kein Lokal, in dem jeder Zweite Sie kennt und anspricht. Sie würden dadurch ständig gestört und für Ihren Gesprächspartner könnten peinliche Situationen entstehen.
- Hat Ihr Dating-Partner eine lange Anreise, nutzt er die Bahn oder kommt sie gar mit dem Flugzeug, geziemt es sich, ohne lange Diskussion am Ankunftsort zu stehen und den Gast zu empfangen.
- Meiden Sie Lokale, in denen die Tische so eng nebeneinanderstehen, dass eine diskrete Unterhaltung nicht möglich ist. Doch auch Lokale mit großen Tischen, die man sich mit anderen teilt, eignen sich nicht für die sensible erste Begegnung zweier Menschen.
- Lassen Sie sich niemals von daheim abholen. Das ist zwar eine schöne Geste (die üblicherweise nur von Männern mit Stil kommt), doch in dieser frühen Phase Ihrer Bekanntschaft ist es besser, Ihre Adresse noch für sich zu behalten.
- Wenn Sie einander an einem öffentlichen Ort treffen, um dann mit einem Wagen gemeinsam weiterzufahren, dann ist Ihr Auto gereinigt. Innen und außen. Ihre Autorin hat sich in einem Fall entschieden, auf ein weiteres Kennenlernen des Mannes zu verzichten. In dem völlig verdreckten Wagen lag neben Bauschutt auch noch eine Kettensäge. Das gab ihr zu denken. Noch etwas: Ihr Auto ist entweder ausreichend betankt oder Sie haben entsprechendes Budget dabei, um die Tankfüllung selbst zu bezahlen (diesen Hinweis verdanken Sie einer unserer Gesprächspartnerinnen, die mit Nachdruck gebeten wurde, die Hälfte der Tankkosten zu übernehmen. Und die beiden waren nicht gemeinsam unterwegs nach Süditalien ...).

- Noch ein Hinweis, diesmal in Verbindung mit einem Erlebnis, das Karlheinz, 54 aus Wien, uns in einem Interview schilderte: Er wurde zu einem Date hinter einem der Beichtstühle im Stephansdom in Wien gebeten. Und hatte, wie er erzählte, dort und beim nachfolgenden Besuch des Cafés Europa am Graben so viel Spaß mit seiner Gesprächspartnerin, dass sie sofort ein Folgetreffen vereinbarten. Wo wissen wir allerdings nicht. Wenn Ihnen also Skurriles vorgeschlagen wird, weshalb nicht auch darauf einmal einlassen? Solange Dates im öffentlichen, gut frequentierten Raum stattfinden, ist Ihre Sicherheit gewährleistet.
- Letzte, besonders dringende Empfehlung: Ein Mensch Ihres Vertrauens weiß, wann, wo und wen Sie treffen. Sie wissen schon: Safety first!

Ist die Location klar, stellt sich als Nächstes die Frage: Woran erkennen Sie einander? Idealerweise natürlich anhand der ausgetauschten Bilder. Doch je voller ein Lokal ist, umso herausfordernder die Suche. »Ich bin blond und trage Brillen«, kann zu einem Spießrutenlauf werden. »Ich habe die Bild-Zeitung vor mir liegen« ebenso. Der eleganteste Weg ist eine Tischreservierung, die einer von ihnen vornimmt. Sie müssen dafür nicht Ihren realen Familiennamen angeben (wenn Sie diese noch nicht ausgetauscht haben). Auf häufige Namen wie Gruber, Müller oder Schmidt sollten Sie verzichten (siehe »blond und Brille«).

Sind Sie zuerst am Tisch, setzen Sie sich mit Blickrichtung Lokaleingang. So erkennen Sie rasch, wenn Ihr Datingpartner auf Sie zukommt, und werden nicht beim Telefonieren gestört oder beim Nasenbohren ertappt. Das akademische Verspätungsviertel sollten Sie Ihrem Gesprächspartner schon gönnen. Auch wenn wir der Meinung sind, dass jede verspätete Minute angekündigt werden sollte. Sie können die Zeit des Wartens nutzen, um Ihrem Datingpartner zu schreiben, wo im Lokal, im Park, im Shoppingcenter er Sie findet (das fällt unter die Kategorie Serviceleistung). Ist das Viertel verstrichen und kommt keine Verspätungsmeldung gehen Sie. Taucht jemand unentschuldigt gar nicht auf, könnte die Botschaft nicht deutlicher sein: Aus dieser Geschichte wird nichts.

Zum Einanderfinden hat uns Kathrin, 32, aus Hamburg, ein spezielles Erlebnis gemailt: *Wir waren in einer Hotelbar verabredet. Mit Paul hatte ich kurz vorher noch telefoniert. Ich wusste, dass er schon auf mich wartete. Als ich das Lokal betrat, sprang am hinteren Ende der Theke ein Mann – es war Paul – auf und pfiff mit den Fingern in meine Richtung. Das war so schrill, dass alle sich nach ihm umdrehten. Es war mir unendlich peinlich, mich an den Tisch mit so einem Briet setzen zu müssen. Die Begegnung lief dann auch entsprechend schlecht. Ich war maßlos enttäuscht. Paul und ich hatten uns über Wochen täglich geschrieben, oft telefoniert. Um ehrlich zu sein, ich war schon richtig verliebt in ihn. Wahrscheinlich war meine Enttäuschung deshalb so groß.*

Bezüglich Uhrzeit Ihres ersten Dates geht unsere Empfehlung in Richtung Vormittag bis Frühabend. Kaffee, ein Glas Wein, ein kleiner Lunch, alles ist gut. Ein Candlelight-Fünfgang-Dinner kann zur Tortur ausarten, wenn Sie nach dem Aperitif schon erkennen, dass Ihr Tischnachbar eine Enttäuschung ist. Sich nach dem ersten Gang kurz zu entschuldigen und dann nicht wieder aufzutauchen, ist völlig inakzeptabel. Drei Stunden mit einem Menschen zu verbringen, der lähmende Langeweile verströmt, extrem anstrengend.

Verabreden Sie sich aber auf einen Drink, entspricht es durchaus den guten Sitten, sich nach längstens einer Stunde zu verabschieden. Wenn es für beide Seiten gut läuft, kommt es ohnedies zu einer Verlängerung.

Apropos Verlängerung: Die erste Begegnung endet nicht mit einem Koitus. Selbst wenn es Klick! gemacht hat. Da die

Erwartung nach prompter geschlechtlicher Vereinigung üblicherweise von Männern ausgeht, sei den Damen deutlich gesagt: Sie haben keine Erwartungen zu erfüllen, die über die Funktion einer angenehmen Gesprächspartnerin hinausgehen! Ein Mann, der Druck macht, Sie unverzüglich im Bett auszuprobieren, tut das garantiert nicht nur bei Ihnen. Selbst wenn auch Ihnen der Sinn danach stünde, geben Sie als Frau einem Mann die Möglichkeit, sich beweisen zu können. Evolutionspsychologisch betrachtet ist der Kampf um das Weibchen ein wichtiges Ritual. Genießen Sie die erotische Spannung, die sich aufbaut, wenn Sie dem Richtigen begegnen. Ein wenig Abwarten hat noch niemandem geschadet und erhöht den Reiz des Kennenlernens. Und jedem Anfang wohnt ein Zauber inne ... Komisch, weshalb kommt hier kein Einwand des männlichen Teils Ihres Autorenteams?

Kommt ja schon. Der männliche Teil des Autorenteams hat seine Liebste online kennengelernt und ist mit ihr am ersten Abend in horizontaler Glückseligkeit versunken. In seiner Wohnung. Den Rausch der Sinne gelebt ohne einen Gedanken ans Morgen; alles falsch gemacht also. Das war vor sechzehn Jahren. Und wirkt noch immer nach.

Was damit gesagt werden soll: In Liebesdingen gibt es keine starren Regeln. Ja, wenn Männer beim ersten Date gleich auf Sex fokussieren und Druck ausüben, Mann also klischeegetreu triebgesteuert rüberkommt, tun sich die Frauen wirklich keinen Gefallen, dem allzu willfährig nachzugeben. Wenn Männer beim ersten Date aber keinerlei sexuelles Begehren erkennen lassen, bleiben Ihnen als Frau nicht viele Möglichkeiten: Entweder Sie definieren Ihren Beziehungswunsch neu in Richtung Tennispartner/Kulturkonsumbegleiter/Beziehungskandidat für die beste Freundin oder Sie vergessen das Ganze. Romantisch-erotisch wird da nichts mehr laufen.

Das größte Missverständnis in derlei Angelegenheiten: Männer wollen und Frauen sperren sich so lange, bis sie es nicht mehr tun. Vielmehr wollen die Frauen sich begehrt fühlen und senden die entsprechenden Signale aus. Männer erfüllen also prinzipiell den Wunsch der Frauen. Bloß wonach genau? Frauen verfügen über eine feinst abgestufte Skala der Zuneigung, während männliches (Wunsch-)Denken jede Art der Nähe zur Frau tendenziell mit Sex assoziiert. Auch sonst gibt es gravierende Kommunikationsprobleme: Etwa, wenn Männer, jetzt außerhalb einer Dating-Situation gedacht, jedes weibliche erotische Signal automatisch auf sich beziehen. Oder wenn fehlgeleitete Schrumpf- oder Ballonegos die ihnen zugewiesene Jäger-Rolle missverstehen und glauben, sie seien tatsächlich dazu auserkoren, das schöne Geschlecht »zur Strecke zu bringen« – und dabei im schlimmsten Fall, Stichwort #metoo, auch noch Grenzen überschreiten. Oder wenn ihnen ihr Hormonstau verunmöglicht, Signale anders als bordellrot gefärbt zu lesen. Ein einziges Minenfeld.

Deshalb, Männer: Wenn Ihnen eine Frau gefällt, halten Sie damit nicht hinter dem Berg. Machen Sie Komplimente, strahlen Sie sie an, legen Sie Verlangen in Ihre Blicke. Und überlassen Sie es im Übrigen der Dame zu bestimmen, wie nah Sie ihr kommen dürfen. Um dann im letzten Moment doch wieder die aktive Rolle zu übernehmen ...

Na ja, wenn es einfach wäre, bräuchte man ja keine Ratgeber. Was einmal mehr bei all dem furchtbar im Weg steht, sind Erwartungen. Nein, Erwartungshaltungen sind definitiv nicht da, um erfüllt zu werden, in diesem Punkt stimmt Ihr Autor seiner Schreibkollegin hundertprozentig zu. Nur ist die sich zierende Frau, die es zu überreden gilt, auch ein Klischee, nicht weniger als der drängende (Jäger-)Mann. Das einzig Sinnvolle, was nach Meinung Ihres Autors mit Erwartungshaltungen anzufangen ist: Haben Sie so wenige wie möglich; am besten keine. Dann stellt sich auch die Frage nicht, ob Sie sie erfüllen sollen wollen oder nicht.

Subkategorie Anstand: die Manieren

Ihre beiden Autoren waren sich nicht sicher, wie sehr sie das Thema Benehmen vertiefen und für Sie aufbereiten sollten. Wir möchten Ihnen keine Allgemeinplätze liefern, also Basics, die die meisten von uns ohnedies »von daheim« mitbekommen haben. Andererseits wurden uns so viele Episoden erzählt, wo jegliche Manieren fehlten, dass wir doch ein paar Punkte davon ansprechen wollen.

Klaus, 41, aus Wien: *Mir ist es schon mehrmals passiert, dass ich mit einer Frau verabredet war, die Minuten vor dem vereinbarten Zeitpunkt anrief, mir sagte, sie würde sich verspäten und dann überhaupt nicht auftauchte. Mittlerweile vermute ich, dass diese Frauen für das erste Kennenlernen deshalb immer eine Location aussuchen, die gut einsehbar ist, weil sie mich – vorm Lokal stehend – anrufen und sich dann eben nicht zu erkennen geben, weil ich ihren optischen Erwartungen nicht entspreche. Bin ich schon paranoid oder erleben andere das ähnlich?*

Dergleichen kommt gar nicht so selten vor. Deswegen die dringende Ermahnung: Tun Sie so etwas nicht! Es verärgert, irritiert, im schlimmsten Fall kränkt es. Und es ist ein Ausdruck von Ignoranz, Feigheit und gänzlich fehlenden Manieren. Wenn Sie ein Date ausgemacht haben, halten Sie diese Vereinbarung selbstverständlich ein. Natürlich kann es passieren, dass Sie im ersten Moment schon wissen »Das wird nie etwas«. Aber – abhängig vom Grund Ihrer Erkenntnis – Begrüßung, einige Minuten plaudern, Verabschiedung gehört sich einfach. Wurden Sie bezüglich Aussehen oder Alter massiv getäuscht, stehen Sie zu Ihrer Verwunderung. In diesem Fall können Sie sich natürlich schon vor einer Getränkebestellung wieder verabschieden.

Achten Sie auf absolute Pünktlichkeit. Traditionell sollte der Mann so früh am vereinbarten Ort sein, dass er die Dame, wenn sie dann kommt, »in Empfang nehmen kann«. Diesen redundanten Einschub leisten wir uns als Überleitung zu folgender Geschichte:

Matteo, 41, aus Thun, war nicht pünktlich: *Das Kennenlernen mit Sophie stand an. Wir vereinbarten einen Brunch um 11:00. Da sich die Parkplatzsuche schwierig gestaltete, war ich etwa zwanzig Minuten verspätet. Als ich in dem Lokal ankam, war Sophie schon wieder weg. Dafür drückte mir der Ober, den ich nach dem reservierten Tisch fragte, einen Zettel in die Hand. Darauf stand: »Du kannst mich mal!« Auf Anrufe reagierte Sophie nicht mehr, was ich schade fand, da ich sie wirklich gerne näher kennengelernt hätte.*

Nicht jeder reagiert so rigoros auf eine Verspätung. Doch Pluspunkte holen Sie sich garantiert nicht, wenn Sie es schon beim ersten Date nicht schaffen, die Zeit einzuhalten.

Man zeigt auch in der Form des Kommunizierens, ob man über Manieren verfügt oder nicht. Gelungene Kommunikation bedeutet Dialog. Dialog bedeutet Fragen stellen, Antworten geben. Endlose Monologe, Selbstbeweihräucherungen, nicht eingehen auf das, was das Gegenüber sagt, nicht ausreden lassen, Einsilbigkeit bis zur Gesprächsverweigerung sind die klassischen Kommunikationstorpedos. Das erste Date bringt meist ein Grundmaß an Nervosität mit sich. Es stresst, günstigenfalls in Form von positivem und handlungsförderndem Eustress. Menschen reagieren auf Stress unterschiedlich. Manche plappern in ihrer Unsicherheit vor sich hin, bei anderen schaltet das Hirn auf Pause. Es gibt Menschen, die sich um betonte Lässigkeit bemühen und andere, die krampfhaft versuchen, witzig zu sein. Tendieren Sie in eine dieser Richtungen, ist der beste Weg aus der Misere: Darüber reden, es thematisieren. Stehen Sie dazu, dass dieses Date keine Alltagssituation für Sie ist, dass Sie keine Übung (mehr) darin haben, mit einem interessanten Mann, einer klugen Frau so beisammenzusitzen und über Beziehung und Emotionen zu reden. Der offene Umgang mit eigenen Schwächen macht sympathisch. Alles, was Sie auf den Tisch legen, fördert und belebt die Unterhaltung.

Aus gegebenem Anlass – diesen erfahren Sie in der folgenden Geschichte, die wir exemplarisch für etliche andere nehmen – erinnern wir daran, dass ein Date kein Ersatz für eine Therapiesitzung ist.

Laura aus Passau: *Da ich es als Therapeutin gewöhnt bin, fremde Menschen bei einem Erstgespräch zu treffen, war ich eigentlich kaum nervös bei den ersten Dates – ich fand sie spannend, interessant. Jedoch musste ich auch immer wieder feststellen, dass manche Treffen eher einer Arbeitsstunde ähnelten. Vielleicht weil ich es gewöhnt bin, zuzuhören, aber auch – und das wurde bald ein No-Go für mich – weil selten Männer von sich aus aktiv Fragen gestellt haben. Meistens war es eher ein Selbstdarstellen oder ein Jammern über die Exfrau, die schwere psychische Störungen hat und was man dagegen tun könnte. Ich hätte manchmal ein Honorar verlangen sollen. Oder ein anderer, der ein extremer Grantler war, und meinte, er sucht eigentlich eh keine Partnerin. Wo ich mich (und ihn) dann schon gefragt hab, warum wir uns eigentlich treffen?*

Noch ein Wort zu Dominanz. Frauen haben mit dominanten Männern, und darunter verstehen wir souveräne, entspannte, männliche Selbstsicherheit, üblicherweise weniger Probleme als umgekehrt. Dominanz bringen Frauen mit Stärke in Verbindung, mit dem Retter in verfahrenen Situationen, der Schulter zum Anlehnen. Kaum eine Frau, die das nicht schätzt. Ein gesundes Maß maskuliner Grunddominanz ist Frauen üblicherweise nicht unangenehm. Kippt sie allerdings in Präpotenz, in machoides Gorillagehabe, dann, meine Herren, kommen Sie bei uns Frauen nicht gut an. Wenn Sie, wie es Beate, 45, aus Salzburg, geschehen ist, gleich beim ersten Kaffee erklären, dass immer »dort, wo Sie sind, vorne ist« und alles Ihren Wünschen zu entsprechen hat, wird nur eine sehr verzweifelte Frau ihren Kaffee in Ihrer Gesellschaft austrinken wollen.

Frauen schätzen Souveränität, Eloquenz und Stärke. Unabhängig davon, wie souverän, eloquent und stark sie selbst sind.

Andersrum sieht es etwas anders aus. Starke, dominante Frauen kommen bei Männern nicht immer gut an: Schwache Männer scheuen starke Frauen. Die dominanten, klugen Männer freuen sich natürlich über eine Begegnung auf Augenhöhe. Doofe dominante Männer aber sehen in starken Frauen Konkurrenz.

An dieser Stelle sieht sich Ihr Autor gezwungen zu einem Einwurf. Der Begriff »Dominanz« bedingt ein Ungleichgewicht – eine Seite dominiert, die andere wird dominiert. Zwei einander ausgeglichen dominierende Menschen sind daher entweder ein Widerspruch in sich selbst oder ein Gleichgewicht des Schreckens. Die »dominante Frau« ist zudem in männlichen Köpfen häufig in schwarzes, hautenges Leder gekleidet und unterstreicht den herrischen Klang ihrer Stimme mit knallender Peitsche. Das kann natürlich gewünscht sein, aber worum es meiner geschätzten Kollegin geht, würde ich mit Begriffen wie selbstbewusst und selbstbestimmt beschreiben; besonders gut macht sich in diesem Zusammenhang auch noch (finanziell) unabhängig.

Wir haben auch Geschichten über Frauen gehört, die mit der besten Freundin auftauchten und diese am Nebentisch platzierten. Oder der arrangierte Exit-Call nach zwanzig Minuten. Also ein kodiertes Telefonat, das notfalls ein rasches Ende des Dates ermöglichen soll. »Dein Hund wurde überfahren/Mutter geht's nicht gut/deine Wohnung steht unter Wasser.« Nur die Dümmsten durchschauen das nicht.

Gehen Sie mit Alkohol beim ersten Date sparsam um. Ein Glas Wein, ein Longdrink, vielleicht eine zweite Runde. Das ist akzeptabel. Hochprozentiges ist es hingegen nicht. Vor Mittag bleiben Sie bei maximal einem Glas Prosecco oder Champagner. Biertrinker kommen bei Frauen, wenn Sie in Litereinheiten bestellen, selten gut an. Kollege Helmuth weist darauf hin, dass bei gänzlichem Bierverbot Länder wie Deutschland, Österreich, Belgien, Tschechien und diverse andere wohl schon ausgestorben wären.

In vielen Großstädten gibt es noch die Tradition der Rosenverkäufer. Sie ziehen mit mehr oder weniger beeindruckenden Rosensträußen durch Lokale und bieten, der eine dezent, der andere offensiv, ihre Blumen zum Verkauf an. Für Männer gilt: Sie kaufen beim ersten Date keine Rosen. Für Frauen gilt: Sie erwarten beim ersten Date keine Rosen. Jegliche Peinlichkeit vermeiden Sie dadurch, dass Sie als Frau dem Rosenverkäufer mit einem »Nein, danke« signalisieren, dass er an Ihrem Tisch kein Geschäft zu erwarten hat.

Machen Sie sich über Körpersprache nicht allzu viele Gedanken. Sie wird im Allgemeinen überbewertet. Ihren möglichen Einwand, dass das Erforschen körperlicher Signale für Kriminalisten ein eigenes Betätigungsfeld ist, haben wir an dieser Stelle vorausgeahnt. Deshalb auch »im Allgemeinen«. Wenn Sie einem Politiker, Schauspieler oder Auftragskiller gegenübersitzen, könnten Grundkenntnisse in dieser Disziplin hilfreich sein. Hand- oder Kopfhaltung bei Begegnungen mit nicht diesen Berufsgruppen Zugehörigen, sind weniger bedeutungsvoll als Authentizität und ausreichende Kongruenz zwischen dem, was Sie hören, und dem, was Sie sehen, bzw. dem, was Sie sagen, und dem, was Sie zeigen.

Ein wunderbares Mittel, mehr über einen Menschen zu erfahren, ist zu beobachten, wie er mit Personal umgeht. Mit Servicekräften, dem Portier, der Garderobiere etc. Überheblich, gönnerisch, ignorant, geizig, freundlich, verständnisvoll, interessiert? Beobachten Sie und seien Sie gewahr, dass auch Sie beim Umgang mit Dienstleistern möglicherweise auf dem Prüfstand stehen.

Respekt erweist man einem anderen durch Zuwendung und Konzentration. Nicht jedem gelingt das.

Kathrin, 63, aus Luzern, schickte uns dazu folgenden Erfahrungsbericht: *Dass Peter gerne telefonierte, wusste ich. Wir sprachen oft stundenlang miteinander und es war immer sehr interessant mit ihm. Als wir uns trafen, schaltete ich mein Natel natürlich ab. Als Peters das erste Mal läutete, dachte ich, er hätte einfach vergessen, es abzuschalten. Das Gespräch war recht kurz und er entschuldigte sich. Den zweiten Anruf fand ich dann schon störend. Peter dachte aber gar nicht daran, sein Natel abzudrehen. Als ich ihn darum bat, stellte er es auf Vibrationsalarm und schaute andauernd nach, wenn ein Anruf signalisiert wurde. Es vibrierte ständig. Einen Anruf nahm er dann wieder an, meinte, das müsse jetzt sein und ich möge ihn doch kurz entschuldigen. Er ging mitsamt seinem Natel in einen Nebenraum und ich packte meine Sachen zusammen und flüchtete. Ist das normal?*

Nein, wir finden nicht, dass dieses Verhalten normal ist. Kein Mensch kann so wichtig und unentbehrlich sein, dass er sein Handy nicht mal eine Stunde abschalten kann. Was dahintersteckt, ist unserer Meinung nach unerheblich. Das Signal, das damit ausgesendet wird, ist eindeutig: Du bist mir nicht wichtig genug, mich auf dich zu konzentrieren. Wir verstehen Kathrins Flucht.

Noch etwas scheint uns wichtig, weil uns darüber berichtet wurde: Erzwungene Selfies haben beim ersten Date nichts zu suchen. Es scheint sich dabei übrigens eher um ein Frauenleiden zu handeln. »Lass uns ein Selfie machen, als kleine Erinnerung/ich möchte dich meinen Freundinnen zeigen/es posten«, kommt selten gut. Gehen Sie mit diesem Vorhaben – vor allem bei der ersten Begegnung – vorsichtig um. Nicht jeder, mit dem Sie eine Stunde verbracht haben, möchte sich danach auf Social-Media-Plattformen wiederfinden. Vor allem dann nicht, wenn dem ersten Date kein zweites folgt.

Fotografieren ist auch in einem anderen Zusammenhang unpassend. Dazu Johannes, 61, aus Bregenz: *Eine meiner eigentümlichsten Verabredungen hatte ich mit einer Frau, von der ich wusste, dass sie als Bloggerin über Restaurants und Hotels schrieb. Ich gebe zu, dass ich sie beeindrucken wollte, und lud sie in ein Lokal der gehobenen Gastronomie ein. Was dann aber kam, damit hatte ich nicht gerechnet. Sie war so begeistert, dass sie jede Speise, die serviert wurde, aus unterschiedlichen Blickwinkeln fotografierte. Einiges davon stellte sie mit dem Hinweis, in Echtzeit zu bloggen wäre wichtig, sofort ins Netz. Dazu kam dann noch eine Restaurantbewertung auf TripAdvisor. Diese Frau verbrachte mit Fotografieren und schreiben mehr Zeit als mit mir.*

Bevor wir vom dramaturgischen Wie zum inhaltlichen Was wechseln noch die Frage der Rechnung. Wer bezahlt sie?

Ehrlich, darauf gibt es keine allgemeingültige Antwort. Es gibt Frauen, die legen größten Wert darauf, ihre Konsumation selbst zu bezahlen. Mann sollte sie lassen. Andererseits ist es eine sehr nette Geste, als Mann den kleinen Mokka oder den Orangensaft der Dame zu übernehmen. Sie erinnern sich, dass das erste Date eher kurzgehalten wird und zu keinen überbordenden Verpflegungskosten führen sollte (außer Sie wollen unnötigerweise beeindrucken. À la Johannes – siehe oben). Henning Wiechers, »oberster Singlebörsen-Vergleicher«, empfiehlt den Männern traditionelles Gentleman-Gehabe: »Ganz klassische gute Manieren sind angesagt, Tür aufhalten, schöne Location aussuchen, die Frau ein bisschen betüdeln, natürlich auch bezahlen, gehört alles zum guten Ton. Ich glaub mit solchen Basics kommt man als Mann ziemlich weit heutzutage, weil das nur noch ein Bruchteil der Männerwelt so systematisch beherrscht. Leider.«

Verabredet man sich zum Essen, läge es gegebenenfalls am Mann, schon vor der Bestellung darauf hinzuweisen, dass er einladen möchte. Es gibt da diesen alten Brauch, dass der Eingeladene nichts bestellt, was teurer ist als die Speisenwahl des Einladenden. Und auch nicht fünf Gänge, wenn der Gastgeber nur eine Vorspeise wählt. Der Brauch scheint vielleicht aus der Zeit gefallen zu sein, höflich ist er allemal. Also halten Sie sich daran! Und wehren Sie sich als Dame nicht gegen eine Einladung. Streitereien darüber, wer bezahlen darf, sind peinlich.

Wird nichts ausgemacht, zahlt jeder seinen Teil der Konsumation. Außer eben dieser kleine Mokka, das Glas Orangensaft. Wir meinen, hier sollte auch die selbstständigste Frau einfach nur lächelnd Danke sagen. Sie kann sich beim zweiten Date ja dafür revanchieren.

Worüber man redet. Und worüber besser nicht

Sie müssen kein Kommunikationsexperte sein, um sich gut unterhalten zu können. Interesse und Neugierde reichen, um einander im Gespräch näherzukommen.

Selbstverständlich mischen wir uns als Ihr Autorenteam nicht (mehr als wir es für vertretbar halten) in Ihre Gesprächsthemen ein. Doch ein paar Empfehlungen und Warnungen seien uns gestattet. Sie lesen immerhin ein Buch aus der Kategorie Ratgeber.

Die Bandbreite an möglichen Themen ist riesig. Es gibt Menschen, die tun sich leicht damit, in ein Thema einzusteigen und ein Gespräch aufzunehmen. Und es gibt die Anderen. Besonders für diese ist hilfreich, einfach an etwas anzuknüpfen, das sie schon wissen. Rufen Sie sich das Profil

Ihres Gegenübers in Erinnerung und stellen Sie Fragen dazu. Vorzugsweise solche, deren Antworten Sie interessieren und mit denen Sie inhaltlich etwas anfangen können. »Weshalb ist Graham Greene dein Lieblingsschriftsteller?«, macht beispielsweise nur dann Sinn, wenn Sie dazu auch eine eigene Meinung haben und sich auf eine (qualifizierte) Diskussion darüber einlassen können. Sind Sie hingegen nicht sicher, ob Greene ein Schriftsteller oder Formel-1-Fahrer war, wählen Sie besser einen ungefährlicheren Gesprächseinstieg: Was war das Spezielle an der Urlaubserinnerung, die er im Profil genannt hat? Wie sieht Ihr Berufsalltag aus? Womit verbringt er am liebsten seine freie Zeit? Vertiefen Sie, worüber Sie sich in der kurzen Phase zwischen Erstkontakt und diesem Date schon ausgetauscht haben.

Natürlich können Sie sich auch über Erfahrungen auf Ihrer Datingbörse austauschen. Gehen Sie aber nicht in die Falle, schlecht, gehässig oder frustriert über frühere Begegnungen und Beziehungen zu reden. Oder gar Namen zu nennen oder von pikanten Details zu erzählen. Das wird Ihnen jedenfalls übelgenommen. Indiskretion, und dazu gehören solche Informationen, fördern keinen vertrauensvollen Austausch. Es kommt eher die Überlegung auf: »Was wird er anderen über mich erzählen?«

Bereiten Sie sich vor auf die erste Plauderei im wirklichen Leben. Aber kommen Sie nicht mit einem Fragebogen daher, wie Lukas das in der folgenden Episode gemacht hat:

Olivia, 45, aus Nürnberg, hatte folgendes erfrischendes Erlebnis: *Lukas gefiel mir auf Anhieb. Wir trafen uns zu unserem ersten Date in einem gemütlichen Kaffeehaus. Nach einer herzlichen Begrüßung und nachdem die Getränke serviert worden waren, zog Lukas aber plötzlich ein Blatt Papier aus seiner Tasche. Ich meinte noch spaßeshalber: »Ist das jetzt deine Checkliste?« Darauf er: »Ja, die gehe ich mit allen Frauen durch, die ich treffe.« Und dann erklärte er mir, dass er ergänzend zu den Fragen und Antworten eine eige-*

ne Entscheidungsmatrix entwickelt habe, mit deren Hilfe er die Passgenauigkeit seiner Dating-Damen eruiere. Ich hielt das alles noch immer für einen Gag, bis er ernsthaft damit begann, mich abzufragen. Es fühlte sich plötzlich an wie bei einem Bewerbungsgespräch. Ich bat ihn, damit Schluss zu machen, doch Lukas bestand darauf, mich weiter zu verhören. Das langte mir dann aber und ich verabschiedete mich frustriert. Da ich so blöd gewesen war, Lukas meine richtige Telefonnummer zu geben, gab es tagelang Anrufe von ihm. Aber nicht etwa, um sich zu entschuldigen, er wollte mich nur von der Richtigkeit seines Verhaltens überzeugen. Ich habe einiges erlebt bei meinen Dates. Aber dieser Mann hatte schon die größte Schraube locker.

Fragebögen und Checklisten sind niemals gute Einstiege. Selbst wenn Sie etwas redegehemmt sind, kommen Sie nicht auf die Idee, mit einem Interview-Script bei einem Date zu erscheinen. Viel besser wäre es, schon im Vorfeld darauf hinzuweisen, dass Sie weder der geborene Redner noch ein begabter Interviewer sind. Sie wissen schon: (vermeintliche) Schwächen thematisieren, nicht ignorieren.

Das Endergebnis

Das Resultat eines Dates steht für manche schon auf den ersten Blick fest. Gelegentlich entwickelt es sich während einer Unterhaltung, zeigt sich erst in deren Verlauf. Die Liebe auf den ersten Blick gibt es – unbestritten. Die Chance darauf nimmt mit dem Älterwerden aber nicht zu. Wir meinen, wenn beim ersten Date »die Chemie stimmt«, Sie Ihr Gegenüber sympathisch und anregend finden, dann sollten Sie dieser Begegnung eine Chance geben. Selbst wenn Sie die röhrenden Hubschrauber im Bauch nicht spüren, keine rosaroten Herzchen in den Augen haben oder vor Begeisterung nicht gleich hyperventilieren.

Am Ende eines Dates braucht es ein ehrliches Resümee. Nehmen Sie sich dafür ein paar Minuten Zeit und stimmen Sie Ihre Eindrücke ab. Unklarheiten darüber, ob und wie es mit Ihnen beiden nach dem ersten Date weitergeht, sollte es beim Auseinandergehen nicht geben.

Folgenden eindeutige Konstellationen gibt es:
1. Zwei Menschen sind sich darin einig, dass ihre Begegnung nicht das Potenzial für eine Liebesbeziehung hat.
2. Zwei Menschen haben einander gefunden. Es hat geknistert und sie wollen ihre Bekanntschaft vertiefen.
3. Ein Mensch hat sich verliebt. Der andere nicht.

Weniger eindeutig ist, wenn beide einander zwar sympathisch gefunden haben, doch das Potenzial dieser Begegnung noch nicht klar einschätzen können. Nicht jeder ist ein Schnellstarter, manche brauchen Zeit, um zueinander zu finden. Das sollte offen angesprochen werden. Und in einem zweiten Date können Sie dann ja herausfinden, ob ein drittes Sinn macht, oder Sie beide über Sympathie nicht hinauskommen. Wenn Ihnen der Mut fehlt, dieses kleine Risiko einzugehen, könnte es Ihnen später leidtun. Fürs Glück braucht man neben Hoffnung eben auch Mut.

Doch jetzt zurück zu den eindeutigen Konstellationen:
Auf 1. folgt eine freundliche Verabschiedung. Man wünscht einander alles Gute und jeder geht seiner Wege. Reicht es für die Liebe nicht, dann vielleicht für eine schöne Freundschaft. Überlegen Sie auch, ob der Mann sympathisch genug war, um ihn einer Ihrer Freundinnen vorzustellen. Ob die Frau sich mit einem Freund besser verstehen würde als mit Ihnen. Warum nicht als Date-Manager für andere Gutes tun?

Zu 2. gibt es zunächst zu sagen: Alles Gute für das zweite Date und alle, die noch folgen mögen. Und ergänzend: Gehen Sie es gelassen an. Als Frau können Sie dem Mann ruhig den Vortritt lassen mit dem ersten Anruf, der ersten WhatsApp-Nachricht nach Ihrem Treffen. Sie können aber klarerweise auch als Frau selbst den nächsten Schritt tun.

Als Mann könnten Sie nach einem vielversprechenden Kennenlernen auf die Idee kommen, Ihrer Begleiterin am nächsten Tag einen Blumenstrauß zukommen zu lassen. Damit werden Sie zum Helden – nicht nur bei Ihrer Autorin. Doch wenn Sie meinen, dass dies antiquiert rüberkommen könnte, lassen Sie es. Sie müssen hinter allem, was Sie tun, mit Überzeugung stehen. Sonst wirkt es aufgesetzt und konstruiert.

Dass zu viel Druck in dieser sensiblen Phase großen Schaden anrichten kann, zeigt die Episode von Laurent, 44, aus Weiden am See: *Unser erstes Date in der Mole West war genial. Claudia war meine Traumfrau. Und auch für sie war es Liebe auf den ersten Blick, wie sie sagte. Wir verabschiedeten uns mit einer innigen Umarmung. Da ich am nächsten Tag beruflich nach München musste, vereinbarten wir sofort ein Wiedersehen. Auf der Heimfahrt schickte Claudia mir eine SMS und bedankte sich für die Einladung. Daheim angekommen hatte ich zwei weitere Nachrichten von ihr auf meinem iPhone. Ich schrieb begeistert zurück. Am nächsten Tag kam ein »Guten Morgen«, danach ein »Guten Flug« und das ging im Stundentakt so weiter. Ich hatte einen stressigen Tag mit vielen Besprechungen und konnte ihr nur kurze Antworten schicken und abends musste ich auch noch zu einem Geschäftsessen. Das wusste Claudia. Als ich zurück ins Hotel kam, war meine Voicebox voll und unzählige WhatsApp-Messages von ihr auf meinem Handy. Und mit jeder ihrer Nachrichten wurden die Vorwürfe deutlicher. »Du rufst nicht zurück«, »Melde dich endlich«, »Bist offenbar doch nicht interessiert«, »Was soll das?« Ich rief Claudia an und musste mir auch noch am Telefon vorhalten lassen, dass ich mich nicht gemeldet hätte. Das fand ich extrem befremdlich und verunsicherte mich in meiner Hoffnung auf eine Beziehung mit ihr. Ich schlief noch eine Nacht darüber, doch dann war ich sicher, dass Claudia ein Kontrollfreak ist und beendete, was eigentlich sehr schön begonnen hatte.*

Wenn Sie sich wie Claudia aufführen, dürfen Sie sich nicht wundern, dass Männer sich rasch wieder zurückziehen. Wir haben in unseren Interviews etliche Geschichten wie die von Laurent gehört. Wir haben aber nur eine Episode mit vertauschten Rollen erzählt bekommen. Deshalb ist die nächste, sehr dringende Empfehlung auch primär an Frauen gerichtet: Üben Sie auf gar keinen Fall Druck aus! Eine höfliche Dankes-E-Mail für die Einladung, eine kurzes »Schön, dich kennengelernt zu haben«, das gebietet allein schon der Anstand. Aber mehr sollten Sie nicht unternehmen. Werden Sie um Himmels willen nicht massiv und drängend. Überlassen Sie Ihrem Datingpartner die Intervalle des Nachrichtenaustausches, erwarten Sie keine minutenkurzen Reaktionszeiten. Wenn der Mann an Ihnen wirklich interessiert ist, meldet er sich. Und wenn er sich nicht meldet, ist er nicht an Ihnen interessiert. Er liegt mit größter Sicherheit nicht unfallbedingt in einer Intensivstation, er wurde nicht entführt und er hat auch nicht alle Kommunikationsgeräte gleichzeitig verloren. Wenn Sie nichts mehr von ihm hören, will er Sie schlichtweg nicht. Mit Anstand hat solches Verhalten nichts zu tun. Einem Datingpartner diesen kalten Entzug zuzumuten, ist eine Kombination aus Feigheit und Gedankenlosigkeit. Also hören Sie auf, Erklärungen und Entschuldigungen für diesen Mann zu suchen. Finden Sie sich damit ab, dass er an Ihnen nicht interessiert ist.

Womit wir bei *Konstellation 3* angelangt wären: Ein Mensch hat sich verliebt. Der andere nicht.

Wenn die beiden beim Resümee ehrlich zueinander sind, mag es für den mit zuvor noch erhöhter Pulsfrequenz enttäuschend sein. Doch die Fronten sind klar. Es ist nichts mehr zu erwarten, Sie können abschließen und sich um Dates mit weiteren prospektiven Partnern kümmern. Seien Sie dankbar für die Ehrlichkeit Ihres Gesprächspartners. Und denken Sie daran: Der negative Ausgang des aktuellen Dates kann der Anfang von etwas Großem mit dem Nächsten sein. Die Chance, dass sich zwei Menschen finden, stehen bei jeder Begegnung fifty-fifty. Wer online datet, hat sich auch auf Ablehnung einzustellen. Damit tun sich Frauen und Männer gleichermaßen schwer. Was verständlich ist, verursacht Zurückweisung doch mehr oder weniger heftige soziale Schmerzen, die von Neurowissenschaftler qualitativ mit körperlichen Schmerzen gleichgesetzt werden. Eine Zurückweisung schon nach dem ersten Date ist natürlich vergleichsweise klein. Wie ein gestoßenes Knie (verglichen mit einem Blinddarmdurchbruch beim Ende einer langjährigen Beziehung). Aber trotzdem, ein wenig schmerzt es schon. Was hilft? Mit diesem Reflex umgehen zu lernen. Sich in Erinnerung zu rufen, dass man schon Schlimmeres gut überstanden hat. Sich eine kleine Traurigkeit zu gestatten. Mit einer Vertrauten darüber zu reden. Sich selbst etwas Gutes tun. Die meisten von uns haben Strategien für alltägliche Verletzungen, jetzt ist der Moment, wo Sie diese wieder trainieren können.

»Die Wahrheit ist dem Menschen zumutbar«, meinte Ingeborg Bachmann. Die Hoffnung aber auch, meinen wir. Hoffnung ist der größte Antrieb unserer Existenz. Solange sie uns begleitet, setzen wir immer wieder Energie frei, um etwas für unser Ziel zu tun. Das heißt, wir geben dem Glück überhaupt erst die Möglichkeit uns zu finden. Doch vielen Menschen vergeht die Hoffnung beim Onlinedaten früher oder später. Wir hörten in unseren Interviews oft »Bei mir klappt es einfach nicht«, »Ich lerne eine Niete nach der anderen kennen«, »Das alles bringt ja doch nichts«. Dieses »Geht nicht/bringt nichts«-Denken schießt Ihnen wie eine Cruise Missile jede Möglichkeit auf ein gutes Ende Ihrer Partnersuche ab. Aber keine Sorge, wir stimmen jetzt nicht in den Chor der Positive Thinker ein. Ihre Autorin hält davon nämlich gar nichts. Mehr noch, sie sieht dann eine Gefahr, wenn positives Denken zur Ideologie wird. Weil dies impliziert, dass jeder Mensch nur aufgrund seiner inneren Steuerung alles erreichen könnte. Er muss nur daran glauben. Wenn er es dann nicht erreicht, ist er selber schuld. Zu schwach, du dumm, zu klein, zu hässlich, zu unfähig. »Was stimmt mit mir nicht?« Diese Frage – typisch für Frauen – ist heimtückisch, weil sie außer Acht lässt, dass mit Ihnen möglicherweise alles in Ordnung ist. Sie es – um die Kurve zum Online-Dating zu schaffen – aber einfach mit dem Falschen zu tun haben. Dass nicht Sie nicht entsprechen, wohl aber Ihr Gegenüber.

Unsere Schreibkollegen im Goldegg Verlag, Christoph Wirl und Axel Ebert, haben in ihrem Buch »Bullshit Busters« die Thesen des Chefoptimisten und Begründers der Positive-Thinking-Bewegung, Joseph Murphy, glücklicherweise auch ziemlich zerlegt. Eine positive Lebenseinstellung hilft klarerweise immer weiter. Doch die Diktatur des positiven Denkens zu hinterfragen, muss erlaubt sein. Sich in eine schöne Zukunft hineinzudenken, kann über die ungeliebte Gegenwart als Single hinweghelfen. Aber so lange Sie diese Gegenwart nicht annehmen und die Vergangenheit nicht bewältigt haben, wird es nicht klappen mit Ihrer Partnersuche. Sie werden in möglichen Partnern immer primär den Retter suchen und nicht den ebenbürtigen Menschen, mit dem gemeinsam Sie die Zukunft in Angriff nehmen. Ein guter Rat: Sparen Sie sich die Übung der täglichen positiven Affirmationen. Werden Sie sich stattdessen besser bewusst, dass Singlesein auch gute Seiten hat: Sie sind frei in Ihren Entscheidungen, können über Ihre Zeit selbst bestimmen, bei Ihrer Urlaubsplanung können Sie rücksichtslos buchen, worauf Sie Lust haben. Das Wochenende im Wohnpulli auf der Couch wird durch niemanden gestört, keiner missgönnt Ihnen Ihre wöchentliche Stammtischrunde und der WC-Deckel darf auch offen bleiben. »So lange Sie die Gegenwart nicht annehmen ...« Das mit dem Annehmen des Singledaseins dauert ein Weilchen. Frisch und unwillentlich getrennt, klappt es noch nicht. In dieser Situation braucht jeder etwas Zeit, um seine Wunden zu lecken, abzuschließen, wieder zu Kräften zu kommen. Deshalb macht es auch wenig Sinn, sich sofort wieder auf Partnersuche zu machen. Die Wahrscheinlichkeit, dass Sie so Opfer Ihrer eigenen Verzweiflung werden, ist groß. Und mit jeder negativen Begegnung finden Sie sich darin bestätigt, dass Sie ohnedies nie wieder die Liebe finden werden. Lassen Sie sich Zeit, manchmal dauert es Wochen, manchmal Jahre. Aber es kommt für jeden der richtige Zeitpunkt. Und wenn es dann so weit ist, sind auch die Selbstzweifel verflogen. Dann erst sind Sie bereit für das Treffen mit der Liebe.

Man möchte meinen, dass bei einer Verabschiedung nach dem ersten Date es der von Amor Verfehlte leichter hat. Er muss ja nicht mehr tun, als sich zu deklarieren. Das aber scheint für viele Singles eine riesige Herausforderung zu sein. Die Feigen drücken sich deshalb gerne davor. Sind Sie es, der eingestehen muss, an keinem weiteren Treffen interessiert zu sein, lassen Sie Ihren Datingpartner nicht im Ungewissen. Sagen Sie es, seien Sie ehrlich und klar in Ihren Aussagen. Aber wählen Sie Ihre Worte mit Bedacht. Sollten Sie sich als Date-Manager engagieren wollen – siehe Punkt 1 – wäre jetzt der richtige Zeitpunkt, das vorzuschlagen und zu fragen, ob Ihr Assistenzangebot auch erwünscht ist.

Selbst fehlende Deckungsgleichheit zwischen Realität und Fotos oder Profilangaben müssen nicht zu groben Worten und Vorwürfen führen. Bleiben Sie auch dann respektvoll.

Noch etwas, das wir Ihnen für Ihre Partnersuche zu bedenken geben wollen: Auf den allerallerrichtigsten Mann, die allerallerperfekteste Frau zu warten, ist genauso absurdes Theater wie Becketts »Warten auf Godot«. Wenn Sie jemanden kennengelernt haben, der Sie zum Lachen bringt, die sich für Sie interessiert, den Sie gerne Ihrer besten Freundin vorstellen würden, mit dem Sie überaus gerne Sex hätten, dann greifen Sie zu. Es muss nicht die weltenerschütternde Liebe auf den ersten Blick sein. Vor allem Menschen, die näher an der Pensionierung sind als an der Pubertät, lieben anders als die Jungen. Im »Alter« kommt die Liebe weniger wie ein Blitz als wie ein Donner daher. Sie schlägt nur selten plötzlich zu, meist baut sie sich langsam auf. Und dann ist sie da. Und mit etwas Glück bleibt sie das auch.

Die Versuchung, sich bei einer erfreulichen Begegnung dann doch nicht festzulegen, ist groß. Es ist das diffuse Gefühl, sich durch die Entscheidung für jemanden gleichzeitig gegen viele andere zu entscheiden. Das, verehrte Leserschaft, führt auf Dauer praktiziert nicht zum erhofften »Now and forever«. So wie die Figuren Estragon und Wladimir in Becketts Stück kommen Sie möglicherweise drauf, dass Ihr Sehnen einer Illusion gilt. Und, schwupps, sind Sie achtzig und sitzen noch immer allein auf dem Canapé. Das war's dann mit der Idee des gemeinsamen Altwerdens. Frustrierte Gestalten, die Gutes in der Hoffnung auf Besseres ständig links liegen lassen, gibt es zuhauf auf Partnerbörsen.

Wir hatten Ihnen oben empfohlen, sich bei negativem Ausgang Ihres Dates wieder in das Partnerbörsen-Getümmel zu stürzen. Zu langes Wundenlecken kann schlimme Nebenwirkungen hervorrufen: Die Angst, nicht zu genügen, die Angst vor weiterer Zurückweisung, die Angst, allein zu bleiben. Zweifel an Ihrer Selbstwirksamkeit, Verlust von Selbstvertrauen, Rückzug, Depression, Isolation. Alte Reiterweisheit: Wer vom Pferd gefallen ist, sollte rasch wieder aufsteigen. Das ist durchaus auch auf Online-Dating anwendbar.

Aber treiben Sie es nicht zu bunt. Wenn Ihre Partnersuche zur Belastung wird, stecken Sie vielleicht schon in einem Dating-Burnout. Der deutsche Burnout-Experte Jürgen Koch-Draheim ist überzeugt, dass dieses Phänomen weit verbreitet ist: »Zuerst kommt der Frust und dann der Burnout. Totaler Rückzug und Isolierung können die Folge sein, um nicht mehr greifbar und verletzbar zu sein.« In seinem Buch »Dating-Burnout« leistet Koch-Draheim Orientierungshilfe, um nicht an dem vorprogrammierten Wechselspiel von Hoffnung und Enttäuschung, Vorfreude und Frustration zu zerbrechen.

Vielleicht ist das Problem aber auch spezifischer und Sie leiden nur an einem Online-Dating-Burnout? Deshalb im nächsten Kapitel ein kleiner Ausflug zu Dating-Alternativen – abseits der konventionellen Partnersuche im Netz bzw. – ja, das gibt es durchaus auch – einfach so. Im wirklichen Leben.

KAPITEL 8

Dating-Alternativen – die Welt besteht nicht nur aus ElitePartner und Parship

Online-Dating ist allgegenwärtig und, wie es in einem ZDF-Beitrag zum Thema heißt, »längst kein Trend mehr – sondern einfach da«. Das sollte aber nicht blind für die zahlreichen Alternativen zu den etablierten Partnervermittlungen und Kontaktbörsen online und offline machen: Das (Liebes-)Glück ist ein Vogerl, sagt man in Österreich. Im Prinzip immer da, aber sehr schwer zu erwischen. Da heißt es dann, im richtigen Moment zuzugreifen, entschlossen und behutsam zugleich.

Da unser Thema aber Online-Dating ist, werden wir uns auch abseits von PARSHIP & Co. zunächst weiter im Internet umsehen – und die eigentlichen Klassiker aus vordigitalen Zeiten nur am Rande streifen.

Der wichtigste Online-Begegnungsraum sind die Social Media, die auch in dieser Hinsicht genutzt werden. Ihr Vormarsch traf vor allem stark Community-orientierte Angebote wie das österreichische Urgestein BUSSI.AT (seit 2002), weiß dessen Mitbegründer Dominik Burgstaller aus eigener leidvoller Erfahrung zu berichten. Allerdings können sie seiner Meinung nach »eine Singlebörse nicht ersetzen, da dort die Anonymität fehlt, welche beim ersten Kennenlernen oft sehr wichtig ist«. In Zeiten allgegenwärtiger Shitstorms und Phänomenen wie Cybermobbing sicherlich ein gewichtiges Argument. Das Internet wäre freilich nicht das Internet, böte es nicht auch dafür einen Ausweg, und er besteht analog zu den Freizeitpartner-Seiten darin, einander online (und in aller Regel anonym) über ein Thema anzunähern – Chatrooms und Foren gibt es schließlich schon weit länger als die Social Media in ihrer heutigen Form, und dafür, worum es im Einzelnen geht, gibt es keine erkennbaren Grenzen. (Ihr Autor hatte z.B. einmal aus beruflichen Gründen mit den säbelrasselnden, aber wohlinformierten Usern des Forums blankwaffen.de zu tun; im Umgang mit Hieb- und Stichwaffen erweisen sich Anonymität und Virtualität als ungemein beruhigend.)

Unterm Strich ist es der Begegnung egal, was sie herbeiführt. Wichtig ist nur, dass es passiert. Eros ist schließlich überall.

ODers oder Hybrid-Dating

Eine sehr spezielle Gruppe von online flirtenden Menschen sind die »ODers«: Das steht verkürzt für Online-Dater, bezeichnet aber strenggenommen Menschen, die Online-Games spielen und dabei, quasi als erwünschter Nebeneffekt, auch gleich die Mitspieler(innen) auf ihr Flirtpotenzial abklopfen. Klischeegetreu stürzen sich in diesem Szenario Horden von Nerds auf alles, was im Entferntesten weiblich zu sein scheint, das muss aber nicht zwangsläufig so sein. Striizi, 53, aus Zürich, hat uns folgende Geschichte erzählt: *Ich war 28 Jahre verheiratet, sehr viele davon fast nur deshalb, weil meine Tochter nicht und nicht auf eigenen Füßen*

zu stehen lernte und ich ihr nicht auch noch den Vater neh-
men wollte. Nachdem ich den Schritt dann endlich doch
getan hatte, habe ich sehr schnell meinen Traummann ken-
nengelernt – im Quizduell. Das ist eine Spiele-App, bei der
eine Chatfunktion dabei ist. Wir haben gequizzelt und uns
nebenbei unterhalten – er hat ein paarmal geschrieben und
ich war verloren! Und bin es immer noch.

Bevor wir uns dann wirklich begegnet sind, in einem
Hotel in Basel, haben wir natürlich schon telefoniert und
kannten Fotos voneinander, aber verliebt war ich in ihn
vorher schon, nur wegen des Chats und ohne die gerings-
te Ahnung, um wen es sich da eigentlich handelt, wie der
Mensch aussieht oder wie alt er ist. Jetzt führen wir eine
glückliche Fernbeziehung, sehen uns so oft wie möglich und
telefonieren viel. Quizduell spiele ich übrigens immer noch
und finde so immer wieder neue Freunde; das brauchts
auch, weil meine »klassischen« Freunde hier in der Schweiz
sich großteils weigern, mit mir in den Quiz-Ring zu steigen,
ich bin ihnen da wohl ein wenig zu erfolgreich ;-)

Zugegeben: Das ist der Sonderfall vom Sonderfall. Auch deshalb, weil die Millionen ODers ansonsten fast ausschließlich
dem Teenageralter angehören. (Was, nebenbei bemerkt, die
üblichen reflexhaft-panischen Warnungen nach sich zieht,
wenn es um Jugendliche geht: »Online-Dating ist eine potenzielle Gefahr für deine Sicherheit und dein Wohlbefinden.
Online-Dating kann deine geistige Gesundheit beeinträchtigen und Stress und Angstgefühle verursachen.«, heißt es etwa
auf Wikipedia. Ihre Autoren finden: Risikobewusstsein und
Risikominimierung sind einfach nur vernünftig; mit derartigen panischen Schwarzmalereien erzielt man hingegen wohl
kaum den gewünschten Effekt. Menschen unter einen Glas-
sturz zu stellen lässt sie entweder verkümmern oder so lange
Widerstand leisten, bis der Ausbruch gelingt.) So viel zu den
Online-Dating-Exoten; weiter geht es nun wirklich analog.

Speed Dating: die romantische Hetzjagd

Manfred, 50, hat es auf klassischen Partnerbörsen versucht. Aber: *Was ich wirklich toll fand, war das Speed Dating. Zu der Zeit war ich tief verletzt nach einer schweren Enttäuschung und stand ganz knapp vor dem Burnout, nachdem ich meine erste Diplomarbeit, meine erste Diplomprüfung hinter mich gebracht hatte, das war einfach zu viel. Im Dienst war noch dazu sehr viel los, ich habe nächtelang nur gearbeitet. Eigentlich hätte ich einmal ein paar Wochen Ruhe geben sollen. Mein Hausarzt hat gemeint:* »*Wenn du einmal einen Monat zu Hause bleiben willst, ich schreib dich gern krank. Dich sollte man eigentlich für drei Monate heimschicken, so fertig, wie du bist.*« *Ich hab halt weiterarbeiten wollen-müssen ... Ich hatte einen Freund, der hatte ein Schädel-Hirn-Trauma erlitten, durch das er seine Beziehung verloren hat, er war arbeitslos und hat herumgesucht und dann ein Speed-Dating-Event aufgetrieben. Nichts Großartiges von der Aufmachung her. Er hat sich da immer irgendwas gefunden und das relativ gezielt für Sex benutzt. Ist immer noch an seiner Freundin gehangen. Beziehungsmäßig hat bei den Aktionen wenig herausgeschaut. Er hat mich so lang gedrängt, ich wollte nicht ... aber er, doch, als Spaß, das ist ein Spaß. Also hab ich mich breitschlagen lassen, als Spaß geht es. Ich war dann so überrascht, das Niveau war extrem hoch, es war richtig lustig ... Es gab schon welche, bei denen in puncto Selbstbild und Fremdbild, so vom Auftreten her, nichts zu machen war. Aber mit den meisten hat man sich gut unterhalten. Durch die Bank attraktive Frauen im Alter so zwischen 45 und 55. War natürlich darauf zugeschnitten.*

Ich bin damals reingegangen mit der Haltung: Ich will keine Partnerschaft. Von zwölf Frauen habe ich sieben positive Zuschriften bekommen. Mit vier oder fünf hab ich mich getroffen. Mit zwei war ich jahrelang befreundet, bei einer hätte fast eine Beziehung herausgeschaut. Es war dann nur so, sie hat gesagt: »Keine Beziehung?« Und ich: keine Beziehung. So haben wir es gelassen. Und sie hätte dann irgendwann wollen, aber ich nicht. Dann waren wir eine Zeitlang gut Freund, und jetzt hat sie endlich einen Partner gefunden, mit dem sie glücklich ist. Dadurch hat sich diese Verbindung jetzt aufgelöst. Mit der anderen bin ich nach wie vor gut befreundet. Das ist jetzt fünf Jahre her.

Manfreds Freund konnte an diesem Abend übrigens bei keiner einzigen der schnellen Damen landen. Manfred selbst plant gerade den Wiedereinstieg ins Dating-Geschehen, denkt dabei aber konservativ an PARSHIP und ELITEPARTNER, trotz seines enormen Erfolgs beim Speed Dating und der Tatsache, dass dies alles unkompliziert, ohne Vertragsbindung und um weniger als 20 Euro zu haben war. Warum? Begründete Vermutung: Die oben beschriebene Situation ist unwiederholbar. Nie wieder könnte Manfred ohne jede Erwartung zum Speed Dating gehen, aus reinem Spaß an der Freude und mit der Haltung: »Ich will keine Partnerschaft.« Wir wünschen ihm auch nicht, jemals wieder so nah an ein Burnout zu kommen, dass er den freiwilligen Dating-Stress als willkommene Entspannung erlebt. Abgesehen davon bringt er tatsächlich vieles mit, was beim Minuten-Rendezvous zupass kommt: Er weiß von seinem Beruf her, dass es bei Präsentationen darauf ankommt, in den ersten 20 Sekunden die Aufmerksamkeit des Publikums zu ergattern – und in den nächsten zweieinhalb Minuten die wesentliche Botschaft zu vermitteln. Und er ist eloquent und selbstreflektiert.

Speed Dating scheint Ihren Autoren eine Methode zu sein, die Sie aus der täglichen Profilsuch- und Anschreib-Routine herausreißt (oder aus jeglicher Routine, was das betrifft). Es ist geeignet, Ihren Kontaktbemühungen mit frischem Wind neuen Schub zu verleihen – und ebenso zum Körbesammeln im Dutzend. Falls Sie sich einmal darauf einlassen wollen: Versuchen Sie es wie Manfred, lassen Sie es einfach geschehen und genießen Sie den Abend. »Als Spaß geht's.«

Wo immer Menschen sind

... ist auch Begegnung möglich. Der klassische Samstagabend-Aufrissversuch in der Disco bzw. heutzutage beim Clubbing soll hier aber nicht strapaziert werden: Erstens ist darauf jeder schon selbst gekommen und zweitens klappt es so nach Meinung Ihres Autors weitaus seltener, als man meinen würde. (Vielleicht wenn man die 30 hinter sich hat, wendet die Kollegin ein, für Jüngere sind Clubbings beliebte Aufreißzonen.) Wie auch immer: Dieses Kapitel soll mit ein paar Anregungen aus der wirklichen Welt enden, die vielleicht noch nicht als Überschriften im Magazin »Die Binse« verendet sind. Gemeinsam ist ihnen, dass Sie die Annäherung wie bei den Freizeitpartner-Seiten nicht um ihrer selbst willen, sondern über ein Thema versuchen.

1. Sind Sie über das Clubbing-taugliche Alter hinaus, könnten *Fachmessen* ein mögliches Jagdrevier darstellen. Wie weiter unten angeführt, gibt es hier aber deutliche Geschlechterunterschiede beim Publikum. Auf Boots-, Auto-, Technik- oder Erotikmessen werden Sie tendenziell mehr Männern begegnen. Wagen Sie sich als Mann auf eine Esoterik-, Schönheits-, Blumen- oder Haushaltsgerätemesse, treffen Sie auf Heerscharen von interessierten Frauen. Sie müssen deren Interesse nur mehr auf sich lenken.

2. *Besuchen Sie ein Seminar!*
Ein Volkshochschulkurs, ein Massagelehrgang, ein Yogawochenende – welche Fortbildung Sie besuchen, ist weitestgehend beliebig und bleibt Ihren Vorlieben

vorbehalten. Wichtig ist nur, dass Sie gegengeschlecht-
lich denken. Männer sind deutlich im Vorteil, denn ob
spirituelle Weiterbildung, Pilates, Malkurs oder Italie-
nisch, stets wird es einen mehr oder minder deutlichen
Frauenüberschuss geben. Doch auch Frauen müssen
nicht verzagen: Beim Fahrsicherheitstraining oder in
sämtlichen Do-it-yourself-Angeboten von der Rad-
werkstatt bis zum Hausbau dürfen Sie sich erhöhter
männlicher Aufmerksamkeit sicher sein.

3. *Kultur verbindet*
Damit ist weniger der einsame Theaterbesuch gemeint
in der leisen Hoffnung, in der Pause mit der einzigen
anderen Person, die ebenfalls ohne Begleitung in derselben Sitzplatzkategorie zu finden war, ins Gespräch
zu kommen. Sondern Vernissagen, Museen, Ausstel-
lungen, Lesungen ...
Roland, 45, hat seine Annika bei einer Buchpräsentati-
on kennengelernt. Was für die beiden als Flirt begann,
entwickelte sich bald zu einer ausgewachsenen Affäre
und ist mittlerweile eine ernsthafte Beziehung geworden. Irgendwann hat Annika, eine extrem literaturbe-
geisterte Frau, bei Roland ein im Grunde recht durch-
schnittliches, also eher geringes Interesse an belletristi-
schen Genüssen registriert und sich im Nachhinein ein
wenig gewundert, was ihn damals zu dieser Veranstal-
tung gebracht hat. Er gestand ihr, dass der Besuch von
Buchpräsentationen seine Methode ist ... Verzeihung,
natürlich war –, Frauen kennenzulernen. Um ihn nicht
in Versuchung zu führen, gehen die beiden jedenfalls
seither nur noch gemeinsam zu Buchpräsentationen ...
Auch in diesem Fall gilt es, sich nicht an der eigenen,
sondern an der Interessenlage der gesuchten Spezies zu orientieren und dementsprechend die Buchprä-
sentation zu wählen. Belletristik, Poesie, Esoterik,
Lebenshilfe und Gesundheit werden tendenziell eher

Frauen anlocken und sind dementsprechend als Revier männlicher heterosexueller Singles geeignet. Bei Sachbüchern zu Naturwissenschaft, Politik, Technik und dergleichen, eher härterer fiktionaler Lesekost (Thriller, Horror sowie das interessanterweise mit am frauenresistenteste Genre überhaupt, Science Fiction) oder »wenn der Heinz Prüller was Neues zur Formel 1 schreibt, ist das Jagdgehege für Frauen sattsam gefüllt« (© E. Gerdenits).

Ehre, wem Ehre gebührt: Der nachweislich Erste, der den Kulturgenuss als Vorwand für das Anbandeln empfahl, tat dies vor gut 2.000 Jahren. So klingt das in Ovids »Liebeskunst«:

> *Lege dich aber zumeist auf die Jagd in dem*
> *Amphitheater;*
> *Günstiger ist der Ort, als du es wünschen nur kannst.*
> *Da triffst Mädchen du an zum Lieben sowohl als zum*
> *Spielen,*
> *Mädchen zu kurzem Genuss,*
> *Mädchen zu stetem Besitz.*

Music was my first love

Sie können Mitglied in einem Chor werden oder Ihre instrumentalen Fertigkeiten einbringen. Je nachdem ein Tipp eher für Männer (so gut wie alle Chöre suchen händeringend nach talentierten Bässen und strahlenden Tenören) oder eher für Frauen (im Instrumentalbereich sind Ihre Geschlechtsgenossinnen in der Minderheit). Das ist grundsätzlich eine großartige Sache, insbesondere (gemeinsames) Singen – erhebend im reinsten und wahrsten Sinne des Wortes. Und darüber hinaus verbindend wie kaum etwas anderes. Dank Karaoke können Sie das notfalls spontan und zwischendurch machen, ohne sich gleich für wöchentliche Proben zu verpflichten. Und sogar, ohne klassischen Gesang studiert haben zu müssen.

Viele werden sich dennoch nicht trauen, in dieses vermeintlich sehr kalte Wasser zu springen; für die schließen wir jetzt den Bogen und kehren noch einmal zur Mutter aller Gruppenseiten, GROOPS.NET, zurück. Denn es gibt weit mehr Menschen, die singen möchten, als solche, die es wirklich können – und hier sollten Sie diese finden. Nur die Begeisterung zählt!

Die Offline-Tipps sind damit natürlich noch lange nicht erschöpfend behandelt. Man könnte diverse Bücher damit füllen, was ohnedies bereits passiert ist, aber da Sie nach wie vor in einem Ratgeber über Online-Dating blättern, lassen Sie uns das Thema mit diesem kleinen Schaufensterbummel wieder beenden. Nur ein zentrales (Offline-)Motto für alle Lebenslagen möchte Ihnen Ihr Autorenkollegium noch ans Herz legen: Move your ass and your mind will follow. (Kriegen Sie Ihren Hintern hoch, dann wird sich auch in Ihrem Kopf etwas bewegen.)

Damit sind wir ans Ende unserer Ausführungen gelangt. Den Abschluss des Buches bilden die Shortlist, worin wir das Wichtigste zum Online-Dating für Sie ganz kompakt zusammengefasst haben, sowie ein kleiner kommentierter Anhang mit Quellen, Buchtipps, Internetadressen usw.

Vielen Dank für Ihre Aufmerksamkeit – wir hoffen, Sie fanden die Lektüre unterhaltsam und informativ und wünschen Ihnen alles erdenklich Gute auf Ihrem Weg zum Liebesglück.

Alles Liebe!
Elfriede »11i« Gerdenits und Helmuth »Hel« Santler

KAPITEL 9

Shortlist – das Wichtigste in kurz

1. *Safety first:* Legen Sie sich eine anonyme E-Mail-Adresse an (Hotmail, Gmail, gmx usw.) und ein Prepaid-Handy zu.
2. Bedenken Sie schon bei der Eingabe Ihres Geburtsdatums eventuelle *Altersschwellen*.
3. *Persönlichkeitstest*: Arbeiten Sie die Fragen und Aufgaben flott und spontan durch. Werden Ihnen die Ergebnisse (im Rahmen einer bezahlten Mitgliedschaft) im Detail zur Verfügung gestellt, sehen Sie sich die Auswertung an.
4. *Erstellen Sie Ihr Profil*: Das Wichtigste: Sie sind bereit für die Partnersuche und in guter Stimmung, wenn Sie Ihr Profil anlegen – und am besten allein. Niemals in einer depressiven Phase, alkoholisiert oder sonstwie beeinträchtigt. Dass Sie Ihr Profil nicht von jemand anderem anlegen lassen oder ein Fremdprofil übernehmen, versteht sich von selbst.
   - Beschreiben Sie sich! In ganzen Sätzen, bildhaft, liebevoll, emotional – und sprachlich korrekt. Sagen Sie, was zu sagen ist – keine maulfaulen Adjektivlisten, keine Lebensgeschichten.
   - Seien Sie ehrlich, aber nicht naiv – kleine »kosmetische« Anpassungen des Alters und/oder Gewichts

bzw. der Körpergröße, um kritische Schwellenwerte zu berücksichtigen, sind gestattet.

– Mindestens drei richtig gute Fotos in unterschiedlichen Szenarien möglichst mit Beschriftung. Das eigentliche Profilfoto ist dabei immer ein Porträtbild, das Sie zeigt – und nur Sie.

– Schalten Sie Ihr Profil erst frei, wenn es gut gefüllt ist und Sie Fotos hochgeladen haben.

5. *Bezahlte Mitgliedschaft/Kündigung:* Bei Abschluss einer bezahlten Mitgliedschaft entsprechend den AGB sofort, jedoch längstens binnen 48 Stunden, kündigen.

6. *Definieren Sie Ihre Suchkriterien:* Suchraster im ersten Durchgang auf Maximalerwartungen einstellen. Ist die angebotene Auswahl zu gering, gehen Sie akzeptable Kompromisse ein. Schwellenwerte beachten!

– Legen Sie den geografischen Radius nicht zu eng an.

– Seien Sie bei Altersangaben realistisch und erweitern Sie die Bandbreite.

– Seien Sie bei Ihren Ansprüchen an Äußerlichkeiten (Haarfarbe/-länge, Augenfarbe etc.) nicht zu kleinlich.

7. *Sortieren Sie Ihre Partnervorschläge:* Arbeiten Sie systematisch alle Vorschläge durch.

– Ändern Sie die Anzeigenkriterien zwischendurch nicht, sonst verlieren Sie leicht den Überblick.

– Entfernen Sie völlig Unpassende sofort aus der Vorschlagsliste.

– Kontaktieren Sie Interessante sofort oder markieren Sie sie als Favoriten.

– Achten Sie darauf, ob die vorgeschlagene Person überhaupt noch aktiv ist auf der Plattform.

– Nehmen Sie die Matchingpoints nicht allzu ernst.

– Vertrauen Sie Ihrem Bauchgefühl!

8. *Schreiben Sie interessante Singles an:* Nutzen Sie keine vorgefertigten Kurzkontakte (Lächeln, Kompliment, Emoticons etc.)
    – Schalten Sie Ihre Fotos frei, wenn Sie jemanden anschreiben.
    – Passen Sie die Standard-Betreffzeile an.
    – Gehen Sie auf das Profil des Angeschriebenen ein.
    – Bauen Sie keine verdeckten E-Mail-Adressen oder Telefonnummern ein.
    – Streichen Sie Gemeinsamkeiten heraus und stellen Sie Fragen.

9. *Reagieren Sie auf Nachrichten:* Auf automatisierte Funktionen (Komplimente, Lächeln, Emoticons etc.) ohne persönliche Ergänzungen nur reagieren, wenn Sie sehr wenige Zuschriften erhalten. In diesem Fall sollten Sie Ihr Profil aber kritisch überprüfen, da ist irgendwo der Wurm drin.
    – Seien Sie so höflich, jede persönlich formulierte Anfrage zu beantworten, auch wenn Sie absagen, weil Sie nicht interessiert sind.
    – Reagieren Sie innerhalb von maximal drei Tagen.
    – Überlegen Sie sich gut, ob Sie auf Kontaktanfragen reagieren wollen, in denen kodierte E-Mail-Adressen oder Telefonnummern enthalten sind. Diese Menschen wollen vielfach Services nutzen, ohne dafür zu zahlen.
    – Klicken Sie, wenn Sie einen bestehenden Kontakt beenden wollen, nicht nur auf die Absageautomatik, schreiben Sie einen freundlichen Verabschiedungssatz. Besonders, wenn Fotos für Sie freigeschaltet wurden oder Sie schon einige Nachrichten ausgetauscht haben.

10. *Königsweg Kommunikation:* Paare, die sich online gefunden haben, haben im Schnitt fast doppelt so viele Nachrichten ausgetauscht wie Menschen, die

Singles geblieben sind. Jede dieser Nachrichten war im Schnitt doppelt so lang.

– Sich auf das Gegenüber einzulassen und sich ihm zu öffnen, ist emotional riskant – und der pfeilgerade Weg ins Herz des anderen.

11. *Telefonieren Sie*: Überlegen Sie vor dem Telefonat, welche Fragen Sie stellen wollen/worüber Sie sprechen wollen.

– Ein Telefonat ist kein Verhör, es ist ein Dialog.

– Nehmen Sie sich ausreichend Zeit, sorgen Sie dafür, dass Sie ungestört telefonieren können, und widmen Sie dem Gespräch Ihre ungeteilte Aufmerksamkeit.

– Machen Sie sich Notizen über das, was Ihnen Ihr Gesprächspartner über sich erzählt.

– Wenn auch nur der geringste Verdacht auf einen Love-Scam besteht, beenden Sie den Kontakt sofort.

12. *Treffen Sie ihn/sie*: Möglichst bald nach dem ersten Kontakt. Tauschen Sie einige Nachrichten aus, telefonieren Sie, aber ersparen Sie sich endlose Vorlaufzeiten im virtuellen Raum.

– Sie treffen einander anfangs nur in der Öffentlichkeit, niemals in ihrer/seiner Wohnung.

– Wählen Sie eine Umgebung, die Ihre Unterhaltung fördert.

– Informieren Sie einen vertrauten Menschen über Zeit und Ort Ihres Treffens.

– Kleiden Sie sich situationsgerecht.

– Seien Sie pünktlich oder kündigen Sie notfalls eine Verspätung an.

– Stellen Sie zu Beginn schon die Frage nach dem Zeitfenster.

– Thematisieren Sie extreme Abweichungen von der Realität bei Fotos und/oder Profilangaben. Aber begegnen Sie Ihrem Gegenüber trotzdem mit Respekt.

- Stellen Sie Fragen, hören Sie zu, gehen Sie darauf ein, was Ihr Gegenüber Ihnen erzählt. Sparen Sie sich Selbstdarstellerisches und schaffen Sie ein angeregtes Gesprächsklima.
- Machen Sie ein gemeinsames Resümee am Ende Ihres Dates.
- Waren Sie eingeladen, schicken Sie eine kurze Danke-Nachricht nach.
- Kommen Sie zum Entschluss, dass Sie eine Bekanntschaft – in welcher Phase auch immer – nicht weiterführen wollen, sagen Sie das Ihrem Datingpartner.

13. *Safety last:* Achten Sie immer auf Ihre Sicherheit und wahren Sie Ihre Anonymität, bis klar ist, dass die Begegnung Potenzial für eine Beziehung hat.

Ein letzter Hinweis noch von Ihrem Autorenteam: Sie werden bei Ihrer Suche nach dem Liebesglück vieles erleben: Aufregendes, Erfreuliches, Frustrierendes, Überraschendes, Skurriles. Wir wünschen Ihnen, dass Sie aus allem etwas machen. Und wenn dann der eine Mensch vor Ihnen steht, mit dem Sie sich eine Zukunft vorstellen können, gehen Sie mit Urvertrauen in diese Beziehung. Lassen Sie sich ruhig erschüttern. Nur so kann Liebe sich entwickeln. »Wegen der Liebe das Gleichgewicht verlieren ist Teil des Lebens im Gleichgewicht.« Oder, wie Liz in der Schlussszene von »Eat Pray Love« zu Felipe sagt: »Attraversiamo« – gehen wir hinüber.

Anhang

Tipps, Internetadressen

Dating-Services (allgemein, Auswahl)

eDarling.de/at/ch – sehr gute Partnervorschläge, Qualitätssieger für singlebörsen-vergleich

ElitePartner.de/at/ch – höchster Frauenanteil unter den Partnervermittlungsseiten

finya.de/at/ch – mitgliederstärkstes Gratis-Angebot

friendseek.com – Freizeit, freudvoll, friends – with benefits? Wenn nicht jeder Kontakt ein Date sein muss

gay-parship.de/at/ch – seriöseste Beziehungsseite für den schwul-lesbischen Bereich

groops.net – Vereint euch mithilfe der Mutter aller Gruppenseiten! Gleichgesinnte finden, eigene Gruppe gründen. Kein Dating-Service, sondern eine Community aus Communitys.

icony.de/at/ch (I connect you) – mit Wurzeln in der Online-Community und als Template für weit über 100 untereinander vernetzte Freizeit-, Flirt- und Partnerseiten, u.a. partnersuche.kurier.at, zeitzuzweit.sueddeutsche.de, zahlreiche Regional- und Nischenangebote

iqelite.com – Schlau ist sexy. Begrenztes Kontaktieren auch für Nichtzahlende

lablue.de/at/ch – kostenloses Angebot inklusive Chat-Funktion

lovescout24.de/at/ch – Das ehemalige friendscout24 gilt als mitgliederstärkste Kontaktbörse im deutschsprachigen Raum

Parship.de/at/ch – der Branchenprimus

Dating-Services (speziell, Auswahl)

flirt-projekt.com – Angebot für HIV-Positive

gl-sh.de/at – Singlebörse und Community speziell für Schwerhörige und Gehörlose

gleichklang.de/ch – die weltanschaulich verbindende Kontaktseite
handicap-love.de – die größte Partnersuche für Menschen mit
Handicap in D-A-CH
himmlisch-plaudern.de/at/ch – die Kontaktseite für alle christ-
lichen Konfessionen
kathtreff.org – die katholische Kontaktseite
muslimlife.eu – muslimische Kontaktseite
papasu.de – Patienten-Partner-Suche

Sonstige Nützlichkeiten rund ums (Online-)Dating

Beratung und Information

dieLiebesFischer.at/de – Eva Fischer optimiert das Online-Dating
gerdenits.at – Auf »11i's« Online-Dating-Blog lesen Sie alles,
was sich nach Erscheinen des Buches bei der virtuellen Partnersuche so tut – informativ, aktuell, unterhaltsam
singleboersen-vergleich.de/at/ch – Bester Szeneüberblick seit
2003. Bedenken Sie aber: Auch Singlebörsen-Vergleichsseiten sind profitorientierte Unternehmen
textmaker.at – Helmuth Santler hilft bei Textnöten
wahreliebe.jetzt – Zustandsverbesserin Gabriele Strasky setzt
auf Know-how

Fotografie und Bild

dieelfe.com – Elisabeth Feldner steht für »Fine Art Hochzeits-
fotografie«
festhalten.at – Heidi Mehl – Porträtfotografie unaufgeregt, natürlich, persönlich, günstig
heysaturday.co – »We are the first & coolest dating photogra-
phy agency on the planet.« So wird's gemacht – nach der
bescheidenen Meinung der britischen Fotografin Saskia
Nelson

profilbildprofi.com – Bildbearbeitung Ihres eigenen Porträtfotos

tineye.com – App zur Bildidentifikation

Recht

rechtsanwaeltin-braun.at – Mag. Katharina Braun ist Scheidungsexpertin und hilft bei rechtlichen Problemen beim Online-Dating

Zum Vertiefen, Lesen und Lachen

Ayling, Heidemarie: »Internetluder oder auf der Suche nach der Liebe«. Eigenverlag, heidemarieayling@aon.at

Fischer, Eva: »Das große Single-Handbuch«. Kneipp 2013

Hirschhausen, Dr. Eckart von: »Wohin geht die Liebe, wenn sie durch den Magen durch ist?«. Rowohlt 2012

Koch-Draheim, Jürgen: »Dating Burnout«. Nova MD 2017

Ovid: »Ars amatoria/Liebeskunst«

Pachernegg, Georg: »… und er soll ein Romantiger sein!«. Verlag Unterste Schublade 2014

Rose, David: »Sexually, I'm more of a Switzerland«, Scribner 2010

Strasky, Gabriele: »7 Fehler beim Verlieben – und wie man sie vermeidet«. Gratis-E-Book

TEDx Talk »The Beautiful Truth about Online Dating«. https://www.youtube.com/watch?v=mRWPqwyukGY

Willi, Jürg: »Die Zweierbeziehung: Das unbewusste Zusammenspiel von Partnern als Kollusion«. Rowohlt, erw. Neuausgabe 2012

Anmerkungen

1. Gesamtumsatz Deutschland 2016: 205 Millionen Euro
2. Best Friends Forever
3. Deutschland sucht den Superstar
4. Toilettenratte zu Toilettenkatze, jedes Tier auf seinen Platze
5. Selbstverständlich tut's auch eine E-Mail, auch wenn in AGB selten eigens darauf hingewiesen wird.
6. Heißt nichts anderes, als dass die Verlängerung um denselben Zeitraum erfolgt wie der ursprünglich vereinbarte; haben Sie für drei Monate bezahlt, wird um drei Monate verlängert.
7. Im Unterschied zu Credit-Systemen, bei denen Sie Leistung für Leistung bezahlen, also 3 Credits für eine Nachricht, 1 Credit für einen Smiley usw. Die natürlich kostenpflichtigen Credits werden paketweise angeboten.
8. Einen Musterbrief für die Kündigung finden Sie online auf http://www.goldegg.com beim Buch »Single sucht Single«. Sollten Sie trotz aller Vorsichtsmaßnahmen in die automatische Verlängerungsfalle geraten sein, haben wir für Sie einen Musterbrief vorbereitet, um Ihrem Dating-Service Paroli zu bieten: http://www.gerdenits.at/wp-content/uploads/2017/08/Musterbrief_automatische-Vertragsverlängerung.doc
9. www.ots.at/presseaussendung/OTS_20170918_OTS0013/vki-automatische-vertragsverlaengerung-bei-parship-unzulaessig, abgerufen am 29.9.2017
10. www.lto.de/recht/nachrichten/n/olg-hamburg-urteil-3u12214-parship-widerruf-wertersatz-berechnung abgerufen am 20. 1. 2018
11. Auf der Gefühlsebene nicht ansprechbarer Kerl
12. Aus Bernhard Ludwigs Seminarkabarett »Anleitung zur sexuellen Unzufriedenheit«
13. Ghosting – Wenn der Partner plötzlich verschwindet. WDR, 1.7.2016. https://www.youtube.com/watch?v=TvjUrNDRMh4, abgerufen am 22.1.2018

Die Autoren

Elfriede Gerdenits

Seit 25 Jahren bringt sie Menschen zusammen: als Karriere-beraterin. Seit 20 Jahren schreibt sie: Sachbücher, Romane, Kinderbücher. Und dann gab es noch lange Phasen als Fern-sehmoderatorin und Karriereexpertin in unterschiedlichen Ton- und Bildmedien.

Privat und beruflich schon ordentlich durchgemangelt, ist sie heute halbwegs erwachsen. Liebt innig, lacht anste-ckend, lebt frei und hat jede Menge Laster. Hakuna Matata!

Meinungen, Wünsche, Anregungen und Rendezvous-Anfragen gerne direkt an die Autorin: *elfriede@gerdenits.at*

Und zum Weiterlesen: der Online-Dating-Blog der Autorin auf *gerdenits.at*

Helmuth Santler

Der hoffnungslos Geschichtensüchtige ist seit er zuhören kann mit der Buchwelt verbunden, zuerst als eifriger Besu-cher, bald auch als aktiver Bewohner. Nach gut einem Jahr-zehnt als freier Journalist begann er um die Jahrtausendwen-de, seine Buchweltbehausung, wenn nicht gerade auf Reisen, nach und nach zu einem kleinen Anwesen auszubauen, mit Sachbüchern, Biografisch-Historischem, einem Kinderbuch und mancherlei Kuriosem, etlichen Buchübersetzungen und Lektoraten.

So ein Berufsleben gleicht nicht selten einem Zustand der Erledigung permanenter Hausaufgaben, solo in den eige-nen vier Wänden, weshalb Online-Dating schon sehr früh-zeitig auf Interesse stieß und nach einer angemessenen An-zahl an Enttäuschungen auch zum dauerhaften Erfolg führ-te. Anders als die Autorin steht er daher für Rendezvous-Anfragen nicht zur Verfügung, Anregungen, Wünsche, Bitten, Beschwerden nimmt er hingegen gerne entgegen: *der@textmaker.at* | *www.textmaker.at*